U0452296

商务印书馆（上海）有限公司　出品
The Commercial Press (Shanghai) Co. Ltd.

·中西哲学比较与文明史研究丛书·

亚里士多德逻辑哲学

周昌忠 著

图书在版编目（CIP）数据

亚里士多德逻辑哲学 / 周昌忠著. —北京：商务印书馆，2023
（中西哲学比较与文明史研究丛书）
ISBN 978－7－100－22903－6

Ⅰ．①亚⋯　Ⅱ．①周⋯　Ⅲ．①亚里士多德（Aristotle 前384—前322）— 逻辑哲学 — 研究　Ⅳ．①B502.233 ②B81-05

中国国家版本馆 CIP 数据核字（2023）第166064号

权利保留，侵权必究。

亚里士多德逻辑哲学
周昌忠　著

商　务　印　书　馆　出　版
（北京王府井大街36号　邮政编码 100710）
商　务　印　书　馆　发　行
山东韵杰文化科技有限公司印刷
ISBN　978－7－100－22903－6

2023年11月第1版　　　开本 640×970　1/16
2023年11月第1次印刷　印张 14½

定价：80.00元

周昌忠

1943年生于上海。1978年进入上海社会科学院哲学研究所，1987年受聘为哲学所副研究员，1992年受聘为研究员。复旦大学哲学系兼任教授、博士生导师。2003年获聘上海社会科学院终身研究员。2006年获聘上海社科院科学技术哲学特色学科带头人，2010年获聘二级研究员。2006年退休。

主要从事逻辑学、科学技术哲学和西方哲学研究，兼及中西哲学比较研究。已出版的个人专著有《科学研究的方法》《西方科学方法论史》《科学思维学》《〈公孙龙子〉新论》《马克思主义辩证逻辑基本原理》《西方现代语言哲学》《西方科学的文化精神》《生活圈伦理学》《科学技术社会的伦理学》《中国传统文化的现代性转型》《公孙龙子答客问》《先秦名辩学及其科学思想》《科学的哲学基础》等13部；另有合著7部，译著12部。发表论文30余篇。

《中西哲学比较与文明史研究丛书》编委会

主　任：方松华

委　员：成素梅　夏金华　李彦岑
　　　　姜佑福　张志宏　赵司空
　　　　计海庆　施　璇　赵　琦
　　　　石永泽

总序：呼唤中国学术的原创时代

方松华

在这物欲横流、消费主义盛行的时代，在这人类文明经受考验的严峻时刻，仍然有不少中国的学者坚守象牙之塔，"究天人之际，通古今之变，成一家之言"。值此上海社会科学院哲学研究所建所 60 周年之际，我们开始推出"中西哲学比较与文明史研究丛书"，既是为了致敬哲学所创所 60 周年，缅怀李培南、冯契、周抗先生等前辈先贤，也是为了薪火相传，展现中青年一代学者的专业精神以及他们的天下意识和家国情怀。

上海社会科学院哲学研究所在中西哲学比较研究方向上起步较早，特别是在风起云涌、思想解放的 20 世纪 80 年代，哲学所发起召开了全国首届"东西文化比较研究学术讨论会"，不久集全所之力出版了《东西方哲学比较研究》等一批专著。新世纪以后又开始着力于新一轮中西哲学比较研究。中西哲学比较研究作为中国近现代哲学主题之一，旨在从中西哲学源流两个方面来探索哲学的元问题，这一难题引发了古今中西各种哲学思潮与流派的激烈论战。中西哲学比较研究大约肇始自 16 世纪，但是中国学者对中西哲学比较研究的自觉还是要到 20 世纪才产生：从中西文化与哲学的优劣比较，到依傍西方哲学概念谱写中国哲学史，再到 20 世纪三四十年代中国现代哲学进入蔚为壮观的创体系时代。一直到 20 和 21 世纪之交，中国哲学才真正告别模仿的时代，开始涉猎中西方哲学的开端、形态、要义乃至进一步追问"什么是哲学"这样的元哲学问题。经过一百多年来中外学者的共同努力，以西方传统哲学为主流的哲学观念正从其根基处开始有了历史性的突破。我们希望不失时机，进一步深入开展新一轮中西哲学比较研究，为这一人类哲学史上可能的重大变革做出贡献。

反思当代中国哲学的发展历程，我们不难看出，尽管40多年来中国经济的发展举世瞩目，但是当代中国的哲学并没有荣膺引领时代的先声。当代中国哲学不仅与先秦中国哲学的原创时期思潮蜂拥、学派纷呈的子学时代不可同日而语，就是与近代"五四"古今中西各种思想激荡、精神高昂的时期也相去甚远。如何结束"五四"以来对西方哲学的"依傍"，深刻反思中国现代哲学的创体系时期，进而告别模仿的时代，开启繁盛的中国原创的哲学新时代，这是当代中国哲学研究者的共同责任。

一、中国现代学术思想的缺失

当代中国经济发展所取得的巨大成就，在一定程度上改变了现有的全球发展观念，对各种西方理论和学说提出了巨大的挑战，为当代中国学术文化的发展提供了新的契机。学术思想重构特别是中国现代哲学如何出场即是中国现代学术的一大议题。

虽然近百年来各种学术思潮兴盛，但是大多匆匆而过，深度明显不够。这一方面是因为学术思想原创性不足，另一方面，在学术思想建树方面，始终没有很好地建立起中国的话语系统，更不用说"中国特色""中国风格""中国气派"的学术思想。究其原因，主要是近代中国哲学社会科学的学科体系大多是模仿或引进西方模式。就以哲学为例，"哲学"这一学科从名称到范畴再到体系，无不烙有西方哲学模式和方法的印记，所谓中国哲学合法性的讨论即是由此而起。诸多现代中国哲学家曾经非常努力地试图构建中国现代哲学新体系，可惜大多没有成功，其原因也是在于没有致力于确立中国现代的学术思想。历史上，佛学自东汉传入中国后，经过数个朝代，才使中国化的佛学从创建到成熟；要使我们这个没有断裂的古老的文明雄风再起，当务之急，仍然是一方面要真正吸收、融合西学，另一方面则要更多地关注我们的生活世界，因为它是精神世界和中国现代学术的源泉。

二、中国当代学术流派的空白

20世纪上半叶，中国社会经历了各种学术思潮的洗礼：进化论思潮、实用主义思潮、唯意志论思潮、科学主义思潮、自由主义思潮、无政府主义思潮、社会主义思潮、民族主义思潮、文化保守主义思潮、文化激进主义思潮、现代新儒学思潮、新左派思潮、新自由主义思潮，等等。而上述诸种文化与社会思潮，如果以学术思潮归纳之，则可以归结为西学思潮、现代新儒学思潮、马克思主义中国化这三种学术思潮或学术方向。这种学术思潮的多元化原本应该带来当代中国学术与思想流派的繁荣，遗憾的是，我们很少看到当代中国学术与思想流派的告示。

当代中国学术特别是哲学的原创性研究不能只是注重于学科建设、课题申报、研究方法乃至话语体系的建构与创新，留下的却是整个学术流派的空白。这是我们以往在中国学术创新中最值得反思的问题。一个时代的学术思想的兴盛既要有诸多学派的涌现，也依赖于学者原创能力的展示，以及学术环境的宽松。如果说，时代生活的苦难往往是学术发展的良好契机，那么我们有理由期盼着中国现代思想学派的崛起和文化学术的繁荣。

三、中国学术原创能力的匮乏

当代中国学术的另一个大的问题，是缺乏原创性。尽管近百年来产生了一些学术大家，也出现过创体系的时代，但是相比较于中国学术原创时期的那种思潮激荡、学派众多、哲人辈出的景象，当代中国学术的最大之"失"在于原创性思想的不足和学术大师的缺席。一百多年来，在中国的学术舞台上匆匆而过的至少有十余种比较著名的学术思潮和流派。然而，遗憾的是，它们并没有给我们留下多少有原创价值的思想与学说。在20世纪的三四十年代，中国现代哲学也曾经有过一个创体系的时代，但是深入的研究表明，那些融合中西方哲学的当代中国哲学家试图依据西方哲学的方法来构建当代中国哲学体系。因此，创体系的时代最终变成了模仿的时代。

当代中国学术特别是哲学原创性思想缺乏的原因大约有二。一是时代使然。中国文化与学术在春秋战国时代曾经历了一个学术思潮激荡、人文精神高扬的伟大的原创时期，其时崛起的诸子百家遗存了中华学术与文化的不朽经典。然而，也许是先哲的思想过于精深，加上历代统治者的作用，使得具有原创性的思想不复再现。虽然也有宋明几代大儒的涌现，但是和先秦诸子相比，毕竟诠释远远大于原创。宋明如此，清代更是注释的时代。这种局面，直到清末民初传统儒学的价值和意义被普遍怀疑、西学蜂拥而入之时才得以改变。

当代中国学术原创性缺乏的第二个原因是职业的分工。由于近代知识的分工，学术越来越成为一种"训练有素"的专业，职业哲学家或思想家虽然有时也具有超越性，却缺乏将哲学视为生活理想的那种时代精神和使命感。正缘于此，孔子和苏格拉底的传人似乎绝迹已久。学术如果同技术一样成为专门的职业，那么，学者的学问与人类文明发展和他的人生将无干系，这正如黑格尔所说：世界精神太忙碌于现实，太驰骛于外界，而不遑回到内心，转回自身，以徜徉自怡于自己原有的家园中。当然，中国现代学术史上也有一些为学术而学术的大师，虽然寥若晨星，却是各个时代学术文化薪火相传的象征。

四、反思中国学术的原创精神

中国的未来呼唤着当代中国学术的原创，而当代中国哲学社会科学本身的发展潮流也提出了自主创新的强烈要求。中国学术的传统分类，是目录学上按照部类结集形式之不同所做出的区分，主要有"经""史""子""集"，包括了文史哲和农医百科等内容。直到晚清时代，中国并没有形成独立的哲学社会科学与人文学科的学科体系与门类，自然科学和逻辑学也相对比较薄弱，连"哲学"这个名称也是通过日本学者转译至中国，意指传统的儒家思想。西方的学科分类是根据研究内容及对象性质不同而进行的分类，它大致分为哲学、自然科学（物理、化学、生物等）、社会科学（经济学、统计学等）与人文学科（文学、史学等）等，由此构成西方现代学术系统。与传统的哲学、自然科学和人文学科相比较，西方社会科学体系的初步建立大概始于19世纪中叶，西方学术界在自然科学突飞猛进之巨大成绩的影响下，开始探索将自然科学的研究方法移植到对人和社会的研究之中，进而使人们能够像控制自然那样规划并控制人类社会。经济学与统计学便是在这种设想的驱动下产生的，它们的产生乃是现代社会科学诞生的标志。

在此后的大约一百年间，人们界定了一系列的学科，这些学科共同构成了被命名为"社会科学"的诸学科体系而与传统的有着悠久历史的自然科学和人文学科成为三足鼎立之势。所谓西学就是指以上的学术系统。

近代中国西方现代学术体系的引进和建立大约是19世纪中叶以后开始的。鸦片战争以后，西方人开始大量进入中国，并以各种媒介带来西方的新知识。而由于经历了鸦片战争之后的多次失败，清朝政府从19世纪60年代开始推行洋务运动，希望学习西方的科学技术、近代工业和军事装备。虽然他们采取的是"中学为体，西学为用"的方法来学习西学，而且过度拘泥于器物的层面，但是毕竟对古老的帝国而言是一种新的姿态，同时也客观上导致了西方现代学术体系进入中国。

"五四"以后，1925年清华国学研究院的设立与1928年中央研究院的成立乃是中国近现代学术发展的两个里程碑。清华国学研究院成立的旨趣，是要研究高深学术、培养通才硕学。此后，中国现代学术的发展如日中天，新的学术规范开始形成，基本学科以及经典著作不断面世，一批大师级的学者业已崛起。而在抗日战争时期，时代生活异常艰难，却激发了知识分子的研究热情，20世纪三四十年代的中国迎来了一个崭新的哲学社会科学创体系时代。

中华人民共和国成立70年来，我国哲学社会科学的发展经历了一个曲折的阶段，其中既有不凡的成就，也有沉痛的教训。目前，中国哲学社会科学已经形成了以马克思主义为指导、学科门类齐全、研究队伍庞大的科研和教学体系。中华人民共和国成立初期，哲学社会科学的学科建设和学科设置主要是以哲学、文学、语言学、历史学、考古学、经济学等学科为主。改革开放以后，根据世界哲学社会科学发展的潮流和当时中国发展的需要，建设起一批有较高理论水准和创新能力的基础学科、应用学科以及立足学术前沿的新兴学科和交叉学科。到目前为止，我国哲学社会科学的一级学科有20多种，二级学科已经达到了400多种。与之相应的是，新中国哲学社会科学涌现出了一批海内外知名的学术大家。他们树立起的学术风范，引领新中国哲学社会科学进入了一个新的阶段。但是，产生世界性影响的大师仍然缺乏。

毋庸讳言，尽管我们已经引进并建立起了相当完备的哲学社会科学体系，但是，相较于古代中国的学术原创时代，当代中国原创的哲学社会科学研究仍然薄弱。当今时代，我们太注重于学术的功用，在课题申报、学科建设、研究方法诸方面着力太多，而忽视了哲学社会科学传承人类文明的根本精神。

在春秋战国这一中国学术史上空前绝后、百家争鸣的大时代，各种思潮和学派蜂拥而起，这是中国学术的原创时代，也是后来诸多思潮和学派的原型。儒、道、墨、名、法、阴阳等诸子百家尽管学说不同，方法各异，但对天地宇宙、自然人生、人性善恶、治国方略等都有共同的研究讨论的兴趣，特别是某个学派共同的基本信念、基本观点和基本方法常常可以汇聚数千门客，从而形成该学派的传统，传承无数年代。先秦以后，中国学术历经两汉经学、魏晋玄学、隋唐佛学、宋代理学、明代心学，一直到清代朴学的诞生（在西方学术史上则有蒙昧的时代、信仰的时代、启蒙的时代、理性的时代和分析的时代）。当近代欧洲工业革命如日中天、科学发展一日千里之际，清代学者却只知在古籍中寻章摘句，考证校勘。这种从文本到文本的研究，并不是什么实证主义的萌芽，更不是现代科学精神的发端。难怪对清代朴学褒奖有嘉的胡适也认为：这三百年的古学研究"范围太狭，学者的聪明才力，被几部经书笼罩了。况且在这个狭小的范围里，还有许多更狭小的门户界限"。清代朴学衰落的一个重要原因在于其创造力的丧失，大量的注经活动尽管使得清代学术日益精微，但由于清代学者"太注重功力而忽略理解。学问的进步，一是材料的积聚与剖解，一是材料的组织与贯通。前者靠精勤的功力，后者全靠综合的理解"。所以胡适感叹：这三百年中，几乎只有经师而无思想家，只有校史者而无史家，只有校注而无著作。冯友兰说得很确切，他说："清朝人的思想只限于对宋明儒学作批评或修正。但他们的修正，都是使其更不近于高明。""清朝人很似汉朝人，他们也不喜欢作抽象的思维，也只想而不思。他们喜欢'汉学'，并不是偶然的。中国哲学的精神的进展，在汉朝受了一次逆转，在清朝又受了一次逆转。"现代新儒学大家方东美说得更为尖锐，他断言："中国哲学到清初已经死了。""所有创造性的思想停止了，到今天三百多年，哲学已经死了三个世纪。"方东美先生的评语虽然有些夸张，却道出了中国传统学术在近代日渐式微，并丧失其生命活力的实情。中国近代学术创造力衰败的根源在于清政府政治上的专权、文化上的闭锁，以及科举制度、文字狱等各种原因。"本来明代的学术，已经有了走向科技走向民间的趋向，与西方也开始了交流，发展下去完全可能以自己的方式走向现代。但明清易代，生产力落后的民族建立了对全国的统治，加上满汉之间的文化冲突，开放的思想被严酷的政治体制窒息了。乾嘉学术在这个意义上是一种不得已的形态。直到清朝末年，欧风美雨狂袭而至，学术思想才不得不因应以变。"

虽然如此，民国以后所引进并建立起来的哲学社会科学体系实质上是对西方诸学科的模仿，直到今天我们仍然能够听到对其西方文化侵略本质的质疑。但是，我们还是应该感恩于西方哲学社会科学进入中国，它不仅给我们带来了西方的先进文明、思想、学术和理念，还有改变中国命运的马克思主义。只是当代中国发展的生动实践，亟须我们以创新的哲学社会科学来总结与解读，这无疑要求我们尽快告别模仿的时代，以开启当代中国学术的原创时代。

五、呼唤中国学术的原创时代

改革开放以来,中国走出了一条独具特色的发展道路,积累了宝贵的发展经验,为理论创新和学术进步提供了举世罕见的广阔天地和时代场域。

我们生逢一个大的时代,有幸见证了中华民族的百年复兴之路。马克思说:"理论在一个国家实现的程度,总是决定于理论满足于这个国家的需要的程度。"当代中国的伟大实践呼唤中国当代学术的原创,这实质上要求我们去揭示和切入当代中国的社会现实。一方面,中国经验、中国道路亟待我们总结;另一方面,中国问题、中国发展需要我们引领。我们哲学社会科学工作者肩负着如此重大的历史使命。为了完成这个重大的历史使命,我们首先要做的无疑是开启思想。帕斯卡尔在《思想录》中说:"人只不过是一根苇草,是自然界最脆弱的东西;但他是一根能思想的苇草。用不着整个宇宙都拿起武器来才能毁灭他;一口气、一滴水就足以致他死命了。然而,纵使宇宙毁灭了他,人却仍然要比致他于死命的东西更高贵得多;因为他知道自己要死亡,以及宇宙对他所具有的优势,而宇宙对此却是一无所知。因而,我们全部的尊严就在于思想。"陈寅恪在《王国维墓志铭》中也曾写道:"思想而不自由,毋宁死耳。……先生之著述,或有时而不章。先生之学说,或有时而可商。惟此独立之精神,自由之思想,历千万祀,与天壤而同久,共三光而永光。"改革开放以来,思想解放运动曾经风靡一时。但是,学术独立与思想自由在当代中国一直付之阙如,而学科体系建设、重大课题设计、学术方法创新等固然重要,但是比之于前者则无疑是末与本之关系。

其次,告别模仿的时代,呼唤中国学术原创时代的到来。中国当代伟大的实践为我们开启了一扇崭新的历史之门,使我们在成就自己的时候也同时在创造着历史。这是当代中国学术原创时代的根基所在。学者选择自己的职业,并不单纯是基于谋生的考量,更是有着更宏大、更高远的精神指向。知识分子作为社会的良心,除了献身于专业工作外,还应该推进人类的文明进步与具有深切的家国情怀,这也是哲学研究者所面临的职业、事业和人生的艰难抉择。

序

"亚里士多德逻辑哲学"这个书名很有必要做一番题解。从字面上说，它可以做两种解。一为"亚里士多德关于逻辑的哲学（philosophy of logic）"，其意为"亚里士多德的关于他的形式逻辑的哲学理论"。二为"亚里士多德的逻辑的哲学（logical philosophy）"，其意为"亚里士多德的出之以逻辑的哲学"。确切地严格地说，前者并不存在，在他那里，逻辑就是哲学。若此，本书即以后者为对象。

逻辑实证主义主要代表人物石里克（M. Schlick）说，西方哲学史上每一次革命都伴随着对逻辑的哲学本质做重新把捉。这个哲学洞见之重要意义，怎么强调都不过分。康德（I. Kant）指出，"形式逻辑"在亚里士多德之后脱离了哲学轨道，被抽离出来成为"普通逻辑"，走进所谓"西方逻辑史"。如果说西方哲学史上最早发生过从自然哲学到形而上学的哲学革命，其完成者为亚里士多德，那么，这场哲学革命很大程度上就在于诞生了作为形而上学的形式逻辑（连带还派生了方法论）。这就是说，形式逻辑作为哲学乃是形而上学。从笛卡尔（R. Descartes）到康德的认识论革命则是产生了作为认识论的"先验逻辑"。石里克参与的现代哲学革命给现代"语言逻辑"铸就了作为方法论的哲学本质。可以说，亚里士多德形式逻辑、康德先验逻辑和现代分析哲学的语言逻辑是西方哲学史上逻辑先后出现的三种历史形态。"亚里士多德逻辑哲学"正是应当放到这个历史脉络中去考量。

亚里士多德形式逻辑作为形而上学和方法论构成宏大严整的体系。这主要由他的《形而上学》、《逻辑学》(《工具论》)和《物理学》呈现给我们。只有准确复现了这个整体，才能如森林之于树木，贯通掌握他的诸多具体学说和论点。当然，两者相辅相成。

这个工作让我们清晰看到，亚里士多德哲学作为知识理论开创阶段，乃是形而上学为魂、形式逻辑为身的合体。由此看去，一切豁然开朗。

原来，形而上学乃以形式逻辑从语言层面建构实存者，为此用范畴/词项、命题/语句和推理/议论，把它建构成以其实存作为原因和本原以及以它因这存在本性而固有的属性作为现象的二元体，出诸逻辑—语言形态。

我们尤其看清了，亚里士多德形而上学的核心范畴"本体"是索解这整个理论的钥匙。这里，关键是抓住"可感本体"这个范畴。实存个体是绝对在先的实存，所以它的本体是"第一本体"（"原初本体"）。问题是实存个体作为认识对象总是作为类的成员实存，它们以本体相同而结成类。故而类作为"第二本体"乃同一于"第一本体"，从而两者贯通。显见，"第一本体"作为"可感本体"载着"本体"之本义——实存个体之本原、其现象之原因。缘于两者贯通，知识乃从超越的类本体（由思维去对接）去通达个体的本体。

陈明了此数端，也就可以转入正文。

二〇二二年壬寅春日
周昌忠时年八十于沪上梧桐书屋南窗

目 录

总序：呼唤中国学术的原创时代 / 方松华　1

序　9

第一章　总纲领：作为知识对象的实存者是语言的逻辑形式　1

一　整个逻辑哲学的三大支柱：知识、逻辑和语言　3

　　知识：形而上学建构实存者的指归　3

　　逻辑：就知识对象而对实存者做的哲学建构　7

　　语言：赋予知识对象以形体　11

　　知识、逻辑和语言三者本质相关　16

二　知识的目标是实存者的本体　19

　　存在论的本体转向　20

　　本体作为存在的精致性　24

　　实存个体之在先独立性　28

　　本体首先是可感本体——个体的本体　31

三　实存者及其本体是逻辑的东西　34

　　存在论的逻辑转向　35

　　　　逻辑规律表现实存者及其本体的确定性　39
　　　　可感本体的逻辑　44
　　　　本体作为原因的逻辑　46
　　　　本体作为形式的逻辑　50
　　四　实存者及其本体的逻辑是语言的逻辑　55
　　　　存在论的语言转向　55
　　　　实存者及其本体作为语言的逻辑形式　59
　　　　逻辑形式出诸语言而符号化　63

第二章　形式逻辑作为形而上学：实存者的哲学建构　69

　　一　实存者的"个体—类"格局：范畴逻辑　71
　　　　个体的本体是"第一本体"：原初的本体及其"四标识"　71
　　　　"类"作为"种"和"属"是"第二本体"：派生的本体　75
　　　　"本质"/"形式"作为本体标识：个体和类的本体共通　80
　　　　"普遍"："本质"的"表式"　84
　　二　实存者的"本体—性质"模式：范畴命题逻辑　88
　　　　实存者"本体—性质"模式的逻辑：主—谓结构范畴命题　88
　　　　范畴命题的主项（一）："第一本体"作为实存个体的
　　　　　原因和本原　93
　　　　范畴命题的主项（二）："第二本体"作为知识目标　95
　　　　范畴命题的谓项："十范畴"和"四谓项"　100
　　　　"实存个体—本质/属序列"结构范畴命题：个体的本质普遍
　　　　　性及其类成员身份　104
　　　　"类—本质/定义序列"结构范畴命题：类的本体即本质　108
　　　　"个体/类—性质/特性序列"结构范畴命题：实存者因存在

本性而具有的非本质固有属性——特性即现象　115

三　实存者的"本体—现象"结构：论证/推理逻辑　119

　　个体和现象　120

　　性质和现象　124

　　经验和现象　126

　　本体是现象的本体："第一本体"作为"可感本体"　130

　　"可感本体"在"本体—现象"结构中乃作为本质　134

　　从本质到现象的必然因果联系：实存个体"本体—现象"
　　　结构的论证/推理逻辑——"原初三段论"　141

第三章　形式逻辑作为方法论：本质性知识和特性知识的逻辑原理　146

一　方法论基本原理　147

　　知识和意见　148

　　知识的逻辑—语言形态　151

　　知识的逻辑规范　155

　　本质性知识和特性知识　163

二　本质性知识的方法论：辩证推理、理性直观和定义　166

　　本质性知识是作为论证之原初前提的"基本真理"即公理　167

　　本质性由辩证推理从意见通达　171

　　归纳作为辩证论辩从个别呈示作为本质性的普遍　177

　　得到经验支持的假说所内涵的本质性由理性直观把捉　182

　　基本真理以"定义"为表式　185

三　特性知识的方法论：论证　191

　　特性知识的论证原理　192

前提：以定义为表式的"基本真理"作为公理　196
推理：三段论形态的必然因果联系　201
结论：必然推论——得到确立的特性知识　205

跋　　209

第一章　总纲领：作为知识对象的实存者是语言的逻辑形式

古希腊哲学的出发点及其一以贯之的发展路线始终围绕知识问题展开。古希腊哲学家们"系统地表述了哲学的所有理论和实践的基本问题，并以古希腊人所特有的透澈的清晰去解答这些问题。他们为哲学思想，并且，由于哲学和物理学最初是不可分的，在相当大程度上为自然科学构成了基本的观念，后来整个欧洲的哲学和科学，都是在这些基本观念之内活动并至今仍在运用它们"①。

这个发展链条中，尤其可以提到泰勒斯（Thales）、巴门尼德（Parmenides）和柏拉图（Plato），当然更不用说本书论主亚里士多德（Aristotle）。古希腊哲学的主干旨在为自然事物探寻其不变性的基础，那就是知识的任务。公认古希腊最早的哲学家泰勒斯正是在这方面立下首功。莱昂·罗斑（L. Robin）指出："在那些创世论中已经隐含着的、关于变化的一种恒久基础及一种原始物质的观念，在泰勒斯这里首次突出地明白表现了出来，从而引起了亚里士多德的注意。"② "巴门尼德在历

---

① 策勒尔（E. Zeller）：《古希腊哲学史纲》，翁绍军译，济南：山东人民出版社，1992年，第3页。
② 莱昂·罗斑：《希腊思想和科学精神的起源》，陈修斋译，桂林：广西师范大学出版社，2003年，第38页。

史上之所以重要，是因为他创造了一种形而上学的论证形式。"① 这就是他把"存在"作为不变性之基础引入，把哲学引离依附于物质事物的自然哲学，使之走上思辨的形而上学也即可说是真正哲学的轨道。柏拉图以理念论"言说何物存在，言说我们如何知道此物，言说我们应当做什么"②。他表明，我们应当以思维去认识事物的真正存在即"理念"，由此获取知识。

亚里士多德把"理念"发展成"本体"，把关于不变性东西的哲学发展成逻辑学即他的形式逻辑。"亚里士多德逻辑同他的形而上学设想有极其密切的关系"③，"并发展成一完整的体系，在这完整的体系中我们发现了希腊科学成熟的自我认识"④。其实，形而上学的这种路向，一开始就已定夺。罗素提出："人们常常说他［指巴门尼德——引者］曾创造了逻辑，但他真正创造的却是基于逻辑的形而上学。"⑤ 当然，揆诸史实，这顶桂冠无疑非亚里士多德莫属。不宁唯是，他的贡献还在于，他把形式逻辑安置在语言层面，使之成为语言的逻辑。于是，他的哲学的核心观念便呼之欲出：作为知识对象的实存者"本体"是语言的逻辑形式。这就是我们所谓的亚里士多德逻辑哲学之"总纲领"。

显然，如此说来，本书之名为《亚里士多德逻辑哲学》，其所指实际上也就是亚里士多德之以形而上学为本的全部关于知识这个核心问题的哲学。一句话，亚里士多德逻辑哲学，其主体为形而上学，也即关于知识对象——个体实存者的"可感本体"之作为逻辑东西的学说。此外，这逻辑哲学还连带地论及知识本身的逻辑，换句话说，也还包含

---

① 罗素（B. Russell）：《西方哲学史》上卷，何兆武等译，北京：商务印书馆，1976年，第78页。
② 安·肯尼（A. Kenny）：《牛津西方哲学史》，韩东晖译，北京：中国人民大学出版社，2006年，第27页。
③ 文德尔班（W. Windelband）：《哲学史教程》上卷，罗达仁译，北京：商务印书馆，1989年，第181页。
④ 文德尔班：《哲学史教程》上卷，第180—181页。
⑤ 罗素：《西方哲学史》上卷，第78页。

第一章　总纲领：作为知识对象的实存者是语言的逻辑形式

方法论。它是这主次两个部分——形式逻辑作为形而上学和作为方法论——构成的整体。

一　整个逻辑哲学的三大支柱：知识、逻辑和语言

亚里士多德整个逻辑哲学有三大支柱。首先是知识。虽说二千年西方哲学是对柏拉图做注释，其实此话何尝不适用于亚里士多德，正是他发展完善了前者的知识哲学。确切说来，他把"理念"发展为"本体"。从某种意义上说，"本体"是"理念"加逻辑的产物。他用形式逻辑建构成了"本体"，使之成为逻辑的东西。同时，全部逻辑建构及其产物完全在语言层面展开。语言就知识而言不是透明的。实际上，知识正在于语言的形式和意义。这三者既是这逻辑哲学的三大基石，自然亦是索解后者的三条线索和三个关键词。

知识：形而上学建构实存者的指归

亚里士多德明确宣示，形而上学旨在为科学即知识（他混同使用这两个词）确定研究对象。他就此写道："我们必须首先探究自然是什么。因为，若此，我们就也将明白，自然科学处置什么，以及还明白，研究事物的原因与本原这工作究竟属于一门还是多门科学。"[1] 他的答案是，只有哲学这一门科学研究知识的对象本身：对象是实存者，目标是其原因和本原。

（1）亚里士多德表明，科学及其理论作为知识在于知道事物的原因，此乃知识的根本。

为此，他指出，掌握知识之比单纯经验高明，唯在于理解原因。他

---

[1] W. D. Ross ed.: *The Works of Aristotle Translated into English*, vol. 8, *Metaphysica*, London: Oxford University Press, Second Edition, 1928, 995^{a}18-20.

说："我们认为，知识和理解属于技术，不属于经验，我们还以为，技术家比经验之士更明智（这意味着，'智慧'在一切情形里皆依从于知识），而之所以如此，是因为前者知道原因，而后者不知道。因为，经验之士知道事物其然，但不知道其所以然，而技术家知道'为什么'和原因。"① 值得注意，牛顿（I. Newton）作为科学创立者同样揭示了这条科学原理。他在科学史上的里程碑式著作《自然哲学的数学原理》(The Mathematical Principles of Natural Philosophy)"初版序"中开宗明义写道："我把这部著作叫作哲学［即科学——引者］的数学原理，因为哲学的全部任务看来就在于从各种运动现象来研究各种自然之力，而后用这些力去论证其他的现象。"② 找出作为原因的力，建立相关的数学原理，再以之论证作为结果的运动现象。这就是科学知识的原理。自然事物的现象光怪陆离。现象背后有着超越的确定性东西或者说本原，它们正是造成现象的原因。科学就是要提供关于这些原因及其与现象间的因果关系的知识。

（2）亚里士多德指出，科学研究自然事物现象的原因，在于把自然事物看作实存者，研究其原因和本原。

这可以追溯到巴门尼德迈出的真正哲学第一步，即把认识转归于自然事物的"存在"。但这范畴在他那里还十分素朴笼统。尤其是，它还兼具"存在"和"存在者"两种含义。海德格尔（M. Heidegger）指出，"存在"本身才是根本，"但是希腊哲学就没有再回溯到在之此一根基中去，亦即此根基所隐藏之物中去。希腊哲学停留在在场者本身当前而只求用已举出的诸规定去考察在场者"③。他还曾指出，古希腊哲学是从巴

---

① Aristotle: *Metaphysica*, 981ᵃ24-30.
② 塞耶（H. S. Sayer）编：《牛顿自然哲学著作选》，上海外国自然科学哲学著作编译组译，上海：上海人民出版社，1974 年，第 11 页。
③ 海德格尔：《形而上学导论》，熊伟等译，北京：商务印书馆，1996 年，第 60—61 页。

第一章　总纲领：作为知识对象的实存者是语言的逻辑形式

门尼德倒退：退到关注存在者。

问题是，从哲学就知识对象建构实存自然事物这个任务而言，在真正科学要到千多年后才产生之前，最需要的是为知识本身即作为认识之成果的知识做奠基工作，而这里首要的又是这样的问题：知识所把握的，是自然事物是什么？而"存在者"的"存在"本身则对应于知识产生即所谓"科学发现"。科学史和哲学史表明，牛顿们正是依着亚里士多德和培根（F. Bacon）等哲学家的思想指引开创了科学。只是在科学产生之后，尤其经过尔后的科学革命，现象学和科学哲学才关注科学发现（产生和革命都是发现），才转向"存在"本身，以之为对象。无独有偶，牛顿时代时空观的情形与此相仿佛。当时已有莱布尼兹（G. W. Leibniz）提出与相对论适应的时空观念，但如爱因斯坦（A. Einstein）所说，牛顿及其物理学正确地选择了适应时代科学的绝对时空观。这里不能不说，是历史和逻辑的必然性所使然。

亚里士多德这样表述哲学的此一宗旨："有一门科学，它研究作为存在的存在以及因这存在自己的本性而属于其的那些属性。这跟任何一门所谓专门科学不同，这些其他科学没有一门普遍地处置作为存在的存在。它们都截切存在的一个部分，研究这部分的属性。"[①] 哲学超越具体科学，研究作为一般的科学之对象本身，也即"作为存在的存在"。如前所述，这里的"存在"（being）不是海德格尔的"存在者的存在（Being）"，而实际上兼指"存在者"（beings）（显然，"存在者"才有"属性"可言）和"实存"（existence）（意指现成存在者即实存者的"存在"）。亚里士多德表明，"存在者"作为个体"实存"着，哲学的任务是探究"存在者"作为实存事物的原因和本原，并据此建构"实存者"。他就此写道："既然我们在探寻最初本原和最高原因，所以，显然，必

[①] Aristotle: *Metaphysica*, 1003^{a}17-25.

定有某种东西,而这些本原和原因乃因这东西自己的本性而属于它。于是,如果说那些探寻实存事物的元素的人也正在探寻这同一些本原,那么,必然的是,这些元素一定不是偶然成为存在的元素,而恰恰是因为它是存在才成为它的元素。因此,我们也必须把捉的乃是属于作为存在的存在的最初原因。"① 至此,我们可以明白,哲学表明了,作为知识对象的实存自然事物之原因和本原必定就是它们的"实存"即"存在"。这里值得指出,这段引文里,亚里士多德凸显了他的思路历程:从知识在于探寻原因出发,循着原因必然归属某种东西的理路,终于确定这东西便是实存自然事物的"存在"。我们也正想强调这一点:"存在"就是实存自然事物的原因和本原。

(3)亚里士多德突出强调了哲学本身的知识品格。

事实上,他的两部主要哲学著作《形而上学》和《逻辑学》都洋溢着浓烈的知识旨趣,宛然纯正自然科学著作。

他强调,视诸一般知识,哲学知识具有高深、普遍、艰涩和精密等特征。他就此写道:"尽人皆以为,所谓'智慧'乃处置最初原因和事物本原。因此,如上所述,经验之士据认为比任何拥有感性知觉的人都明智,技术家比经验之士明智,老法师比匠人明智,理论类知识比生产性知识更带'智慧'本性。由此可见,'智慧'是关于确定本原和原因的知识。既然我们在探寻这种知识,故而我们就必须探明,原因和本原也即'智慧'所关涉的知识属于哪种知识。如果采取我对智者所抱的观念,那么,这或许使得答案变得较为明白。于是,我们首先认为,智者尽可能地知晓一切,尽管他对它们每一者都没有详确知识。其次,他能学知困难的、对常人来说是不容易的东西,所以说他是明智的(感性知觉人皆有之,因此是容易的,并非'智慧'的标识)。再者,他做到较

---

① Aristotle: *Metaphysica*, 1003^{a}26-32.

第一章　总纲领：作为知识对象的实存者是语言的逻辑形式

为精密，也较能教授原因，故在一切知识分类中都较为明智。"①

哲学的这种知识品格还在于，哲学知识是最高级的、最能知的，因而达致为知识而知识的境界。他说：智者（哲学家）"在最高程度上拥有普遍知识。因为，他在某种意义上知晓落于普遍之下的一切事例。这些事物即最普遍者在整体上是人最难知晓的，因为它们离感觉最远。各门科学中最精密者是那些最专注于最初本原者。因为，那些包含较少本原的科学比包含附加本原的更为精密，例如，算术之跟几何相比。研究原因的科学也在更高程度上是指导性的，因为指导我们的人告诉我们每个事物的原因。为着自己缘故而进行的理解和认识基本上处于对最要知的东西的认识之中（因为，选择为知识而认识的人最会选择作为最真确知识的东西，而这就是最要知的东西的知识）。最初本原和原因是最要知的。因为，由于这些，也根据这些，一切其他东西就开始被认识"②。总之，"既然他们为了逃避无知而去搞哲学，所以，显然，他们是在为了认识，而不是为了任何功利目的去从事科学"③。

逻辑：就知识对象而对实存者做的哲学建构

知识的对象既已确定为"实存自然事物或者说'实存者'"，知识的目标为它的原因和本原即"存在"，于是形而上学的任务便是就此对它做哲学建构。哲学的对象既是"存在"本身，而不是切下的具体部分，也即其对象没有具体自然内容（经验）（如物理客体），这样，它就必定是纯逻辑的东西。对这种作为逻辑东西的对象掌握在先，具体科学才不致盲目进行其探究。亚里士多德指出这一点："物理学也是一种'智慧'，但它不是第一等的。——因此，那些奢谈应当根据哪些条件来

---

① Aristotle: *Metaphysica*, 981^{b}27–982^{a}14.
② Op. cit., 982^{a}22–982^{b}3.
③ Op. cit., 982^{b}19–22.

接受真理的人，有些之所以试图这样做，是因为缺乏逻辑上的学养。因为，他们应当在着手专门研究之初就先已知晓这些，而不是边听这种研究的课边探究它们。"① 重要的是，这里道明了，科学的对象是作为逻辑东西的自然事物之原因即"存在"，而形而上学的任务便是逻辑地建构实存者。

（1）亚里士多德首先用范畴也即最高的逻辑的概念建构实存自然事物的原因和本原即"存在"。

逻辑的灵魂是分析。哲学家致力于把笼统的"原因和本原"分析到其各个元素。所谓"原因和本原"，就是实存自然物之"存在"。亚里士多德表明，"存在"有十种意义，他出之以十个范畴。不过，这十个范畴并不是并列的，而是其中有一个是中心，其他九个则依存于它。前者便是"本体"，即"所是者"（"本质"），它才是真正的"原因和本原"，其他九个只是"本体"之诸必然属性。他写道："一个事物之可以说'存在'，有着若干意义，如我们前面在关于语词之各种意义的篇章中所指出的。因为，在一种意义上，所意指的'存在'是'一事物所是者'即一个'这个'，在另一种意义上，它意指性质、数量或者如这等被当作谓项的其他事物之一。虽说'存在'具有这一切意义，但显而易见，'存在'首要地是'什么'，它指示事物的本体。因为，当着我们说一个事物有什么性质时，我们是在说，它是好的或坏的，不是说，它三肘尺长或它是个人；而当着我们说它是什么时，我们不是说'白的'或'热的'或者'三肘尺长'，而是说'一个人'或'一个神'。所有其他东西所以被说成是存在的，是因为它们有些是那在这首要意义上存在的东西的数量，另外有些是它的性质，再有些是它的属性，还有些是它的某个别样规定。"② 总之，"说一个事物'存在'，乃有许多意义，但全都

---

① Aristotle: *Metaphysica*, 1005ᵇ1-4.
② Op. cit., 1028ᵃ10-20.

关涉一个出发点"①、"一个中心点、一个确定的事物类,并非含糊其词地说'存在'"②。

他从笼统的"存在"出发,通过分析其意义,进而揭示"实存者"之本原的"一加九"范畴结构。于是,知识的目标从历来的简朴的"存在"演进到了精致而确定的"实存者的本体及其因本性而拥有的属性"。

(2)亚里士多德表明,形而上学乃以范畴以及谓述关系建构实存者的"本体"和属性构成。

这就是说,九范畴的逻辑功能是做谓述,即作为谓项去述说主项。他说:"本质存在的种类正是谓述的格所指示的那些种类;因为'存在'的意义恰似这些格一般多样。于是,既然某些谓项指示这主项是什么,另一些指示它的性质,另一些——数量,另一些——关系,另一些——主动或被动,另一些——它之'在何处',另一些——它之'在何时',所以说,'存在'对每一种这类谓项都有一种意义去回应。"③ 主项当然是"本体",它是中心,其他九类"存在"都依存于它,也即只是谓述它,表达它的必然属性。这样,十个范畴及其谓述关系共同建构起了知识对象。问题是,应当指出,亚里士多德强调,形而上学面对的是个体实存的自然事物世界,只有个体是独立自存的,因此,所谓实存自然事物的"原因和本原",确切严格说来,从原本意义说来,乃是个体实存者的"本体"。这"本体"才是"中心"和"出发点",那个体结成的类的"本体"(它只是同类个体"本体"相同所导致的产物),也只是对个体的谓述,尽管它本身也可以和需要其他九个范畴来谓述。

他提出的十范畴也即对谓述的分类包括:本体、性质、数量、关系、地点、时间、姿态、状况、活动和承受。这里,"本体"和"性质"

---

① Aristotle: *Metaphysica*, 1003^{b}5-7.
② Op. cit., 1003^{a}32-34.
③ Op. cit., 1017^{a}22-27.

这对范畴构成基石，它们结成的主—谓关系是实存者逻辑的骨架。呈现主—谓关系的命题和语句表现了实存自然事物的"本质存在"也即其"本体"的实存方式。就"性质"范畴而言，亚里士多德突出了两点。其一，作为自然事物之根本逻辑关系的同异关系说到底是"本体及其性质"的同异。其二，"性质"有必然属性和偶性之分，而知识乃关乎必然属性。所以，如上所述，形而上学着眼于"本体"及必然属性。这些在下一章要进一步详加研讨。

（3）亚里士多德还运用了其他逻辑范畴。

虽说这些范畴在之前的古希腊哲学家那里已在使用，但他把它们正式纳入他的形式逻辑之中，做了进一步制定，用来建构知识对象。

这些范畴主要包括相同和差异、个别（个体）和类（种、属）以及本质和形式。

同异关系是自然事物间最基本也最普遍的逻辑关系，也是整个逻辑的基石。关于相同性，亚里士多德说："'相同的'意味着1. 在偶性意义上相同。"① "有些事物说是在这个意义上相同，另一些事物2. 是因它们自己的本性而相同，这可以从许多意义上说，正如因其本性而是的一有那么多意义一样。因为，其质料无论在种类上还是数目上都是一的事物，以及其本质是一的事物，都说成是相同的。因此，显而易见，相同性是多过一个的事物或者被当作多过一个的一个事物（例如当我们说一个事物和它自身相同时）的存在的统一性。"② "'不同的'适用于1 那些事物，它们虽是各别的，但在某个方面相同，只是并非在数量上，而是在种、属上或通过类比见出不同；2 那些不一样的事物、相反的事物以及一切本质上有他性的事物。"③

---

① Aristotle: *Metaphysica*, 1017^{b}26–27.
② Op. cit., 1018^{a}4–9.
③ Op. cit., 1018^{a}12–14.

第一章 总纲领：作为知识对象的实存者是语言的逻辑形式

关于"个别"，亚里士多德强调，它们是知觉经验到的实存事物。他说："经验是对个体的认识，技术是对普遍的认识，活动和生产全都关涉个体。"① "在定义中，普遍在先，在对知觉的关系中，个体在先。"② 关于类（class），他说，"种"（species）和"属"（genus）是"第二本体"，而"一个第二本体不是一个个体，而是一个带某种限定的类；因为它不如一个第一本体那样，不是一个单一东西；语词'人''动物'可以谓述多过一个主项"③。

亚里士多德这样说到"本质"（essence）："每个事物的本质就是被说成凭它本身而所是的东西。因为，既然你并非由于你的本性而是爱好音乐的，故'是你'并非'是爱好音乐的'。这么说，你因你本性所是的东西乃是你的本质。"④ 无疑，事物的"本质"也就是其"本体"。

至于"形式"，亚里士多德把它奉为作为形而上学的形式逻辑的核心范畴，把事物的"本质"和"本体"都联属于它。他说："我说的形式是每个事物的本质及其第一本体。"⑤ "我们探寻的是原因，也即形式，由于它，这质料才成为某个确定的东西；并且，这就是这事物的本体。"⑥

当然，后面随着亚里士多德逻辑哲学学说渐次展开，还会进一步阐发这些范畴及其相互关系。

语言：赋予知识对象以形体

亚里士多德的形而上学即他的形式逻辑建构实存者，始终是在语言

---

① Aristotle: *Metaphysica*, 981^{a}15–17.
② Op. cit., 1018^{b}33.
③ W. D. Ross ed.: *The Works of Aristotle Translated into English*, vol. 1, *Logica*, London: Oxford University Press, First Edition, 1928, *Categoriae*, 3^{b}16–18.
④ Aristotle: *Metaphysica*, 1029^{b}14–16.
⑤ Op. cit., 1032^{b}1.
⑥ Op. cit., 1041^{b}6–9.

层面上进行的。他的这种"语言工作"可以分为三个方面。

（1）亚里士多德对问题做语言分析。

在研讨"本质"和"本体"的关系问题时，他就这样做。他说："既然开始时我们就区分了我们据以确定本体的各种标识，而其中之一据认为是本质，那么，我们就必须研究这一点。首先，让我们就此做些语言上的解说。"① 他举例进行语言分析。他以"是一个白色表面"为例。他说："这整体还不是一个事物的本质；那因自己而成的白色并不属于一个表面，因为'是一个表面'不等同于'是白的'。不过，这两者的结合——'是一个白色表面'——又不是表面的本质，因为'表面'本身被添加了。因此，这样的表式——这词项本身不依存于它，但它表达了词项的意义——是每个事物的本质的表式。"②（这里，语言分析的关键词是"表式"，原希腊文词为 λόγος，意为"表达逻各斯的话语"，英译为 formula，意为"公式"，这里汉译为"表式"，以区别于科学术语，同时又区别于"表述"这种偏一般的用语。）亚里士多德表明，通过语言分析，可以弄清楚事物"本质"如何确定。上述引文的意涵可申述如下。"是一个白色表面"是在表达"这个表面是白色的"。它乃作为"白色"这个词项的表式，而该词项依存于它，归根结底依存于主项"表面"，同时，它并没有表达该词项的意义。（关于"对主项的依存"，后面将专门讨论。）所以，它没有表达事物即"表面"的本质。这是因为"表面"本身添加了"白色"这属性。如果不添加，也就是有了"这是一个表面"这个表式。现在，"表面"这词项离开这个表式也能独立存在，作为"某个表面"存在。因此，这表式是对事物本质的表达："这"的本质是"表面"。所以，他说："本质正是某个东西所是者；但是，当一个属性被用来断定它自己以外的一个主项时，这复合体就并不恰是某

---

① Aristotle: *Metaphysica*, 1029^{b}11-13.
② Op. cit., 1029^{b}16-21.

个'这'所是者。"① "白色表面"正是缘于此而不是"本质"的表式。他进一步还说:"恰以两种方式,一个谓项可能成不了对于一个主项因自己而是真的,这种结果之一者由增加一个规定而引起,另一者则由省略一个而引起。"② 他正是通过语言分析,动用表式和主—谓逻辑结构语句等语言手段揭示和阐发事物"本质"作为其"本体"之标识之一这条形而上学原理。

(2)亚里士多德对语言本身做形而上学的分析,揭示其本性的逻辑方面。

亚里士多德表明,语句有多种类型,其中只有作为陈述句的"命题"是逻辑性的,它们关涉作为个体或类的实存自然事物,肯定或者否定某种东西对主项的依存关系。因此,形而上学关注和研究的是这种类型语句。"一个简单命题是一个陈述句,其意义关涉某种东西对一个主项的依存或不依存。"③ "我们的命题必定时而关涉普遍主项,时而关涉个体主项。"④

不过,亚里士多德强调,哲学关注命题这种类型语句,但问题是,命题也有各种类型,而哲学关注的实际上是其中具逻辑本性的那种类型,其特征倒正是如刚才所表明的。他写道:"为了抓住要领,我们把命题和问题划分为三类。因为,有些是伦理命题,有些是关于自然哲学的,而有些是逻辑的。如下命题是伦理的,例如'应当服从父母还是法律,如果它们不一致的话?';这样的命题是逻辑的,例如'对立者的知识相同还是不相同?';而这样的命题是关于自然哲学的,例如,'宇宙是不是永恒的?'问题的情形亦复如此。上述各类命题,每一种

---

① Aristotle: *Metaphysica*, 1030^{a}3-4.
② Op. cit., 1029^{b}29-32.
③ Aristotle: *Logica · De Interpretatione*, 17^{a}22-23.
④ Op. cit., 17^{b}1-2.

的本性都很难出之以定义，不过，我们还得努力用通过归纳获致的熟谙来一一识别它们，为此按上面给出的例说来考查它们。为了哲学，我们必须根据真理处置这些东西；而为了辩证法，则就仅仅着眼于大众意见。一切命题皆应从其最普遍形式去把握。于是，一应当搞成多。例如，'对立者的知识是相同的'；接下来，'相反者的知识是相同的'，以及'相关项的知识是相同的'。同样，这两者又应再划分，只要有可能划分，例如'善和恶'的、'白和黑'的或者'冷和热'的知识。余此类推。"①

总之，对语言本身的形而上学分析揭示了语言本性的逻辑向度和方面，具体说来，也就是逻辑命题这种语句类型。

（3）亚里士多德表明，语言赋予实存者以形体。

亚里士多德揭示，逻辑命题这种语句类型乃是所建构的实存者的形体。

这里尤为重要的是，亚里士多德引入符号语言，以之与自然语言一起建构逻辑，也就是建构实存者。关键是，他引入字母标示变项，从而实现命题（乃至推理）的形式化。这样，他创立的逻辑是形式逻辑，而形式逻辑质言之正是他的形而上学。

卢卡西维茨（J. Lukasiewicz）指出他应用字母："在亚里士多德对其三段论理论的系统阐述中，没有举过用具体词项构成的三段论的例子。仅仅对不正确的前提组合，才用具体的词项来举例说明。这些词项当然都是普遍的，像'动物''人''马'。在正确的三段论中，所有的词项都是由字母代表的，也就是说，是由变项代表的。例如'如果 R 属于所有 S 并且 P 属于有些 S，那么 P 属于有些 R'。"② 肖尔兹（H. Scholz）

---

① Aristotle: *Logica · Topica*, 105^b19–36.
② 卢卡西维茨：《亚里士多德的三段论》，李真等译，北京：商务印书馆，1981年，第16页。

第一章　总纲领：作为知识对象的实存者是语言的逻辑形式

表明，他正是如此创立了形式逻辑："亚里士多德的逻辑为什么叫作形式逻辑……我们先应说明，一般的形式是什么，特殊的完善的形式又是什么。按照亚里士多德的办法，我们可以把任何一个能断定为或真或假的命题的成分，分为两类。第一类成分被看作是固定的和不变的；第二类成分被看作是可变的。我们根据亚里士多德的办法，把后一类成分用字母表示，我们把这些字母解释为变项，即作为可以填进一些什么东西的空位的符号来对待，但暂时不用管填进了什么。一般的形式可看作是至少含有一个变项的表达式，当事实上我们用某种东西代替这个变项时，它就变成或真或假的命题。完善的形式可看作是当我们用一些合适的变项来代替了所有我们看作是可变的成分时，从一个命题得出的表达式。在亚里士多德所用的初等的符号系统的情况下，最简单的例子是：所有 S 是 P。本来，对于亚里士多德逻辑来说，'所有'和'是'被看作是一个命题的不变的成分。显然，这正是满足了完善的形式的条件。"① "由亚里士多德奠定基础的逻辑，就其仅仅涉及形式，或更严格地说，仅仅涉及完善的形式来说，是一种形式逻辑。"②

亚里士多德引入人工符号语言，使逻辑一开始就踏上通往现代逻辑即数理逻辑的形式化道路。问题是，肖尔兹很大程度上因为囿于逻辑史视角，对亚里士多德逻辑之为"形式的"逻辑仅仅给出了表面的理解和解释，而诚如他自己所说："当然，我们没有肯定对形式逻辑的这种解释可以在亚里士多德那里碰到。"③ 实际上，亚里士多德从形而上学层面把"形式"奉为核心范畴，把握为实存者的"本体"，而这从深层决定了逻辑之为"形式"逻辑。本章后面将会深入详尽探讨这个问题。

---

① 肖尔兹：《简明逻辑史》，张家龙译，北京：商务印书馆，1977 年，第 8—9 页。
② 同上书，第 9 页。
③ 同上。

知识、逻辑和语言三者本质相关

知识、逻辑和语言三者是本质相关的，也即有着本然的内在联系。这种相关性发源于亚里士多德的形而上学。在亚里士多德那里，它也还在方法论层面上保持着。这里先讨论前一种情形，后者放在第三章里处置。

（1）亚里士多德是在形而上学层面建立这种相关的。

形而上学旨在为知识建构对象。当然，这种对象既超越各门具体科学，又是它们所共同的。亚里士多德对形而上学（他称之为"第一哲学""第一科学"）之建构知识对象做了精当扼述："这门最高科学必定处置最高的属。因此，虽然视诸其他各门科学，各门理论科学更是人们所想往的，但视诸其他各门理论科学，这一门又是更其为人们所想往的。因为，有人可能提出这样的问题：第一哲学是普遍的，还是处置一个属，即某一种类存在者；因为，甚至各门数理科学也不是在这方面全都相似——几何学和天文学处置某个特定种类事物，而普遍数学普同地适用于一切事物。因此，我们回答说：如果自然界所形成的本体之外再无本体，那么，自然科学便将是第一科学；可是，如果存有一种不动的本体，那么，关于这种本体的科学必定是在先的，必定是第一哲学，并且就此而言是普遍的，因为它是第一的。考查作为存在的存在——存在所是者以及属于作为存在的它的各属性这两者的任务，将属于这门哲学。"① 这就是说，形而上学所建构起来的知识对象是超越在先的、不动的、普遍的、空无具体内容的东西，因而必定是逻辑的东西。这就是知识之与逻辑的本质联系所在。同时，亚里士多德又把希腊哲学传统上认为"自然事物之理性本质总是形诸话语"的观念以形而上学加以发展而揭示，存在者之逻辑的本体乃形诸语言。逻辑总是寓于语言。亚里士多德以此观念昭示了逻辑和语言之间的本质相关性：知识的对象是逻辑的

---

① Aristotle: *Metaphysica*, 1026^{a}21-33.

第一章 总纲领：作为知识对象的实存者是语言的逻辑形式

东西，而这东西要到语言那里去找。海森堡（W. Heisenberg）指出了这一点，还强调亚里士多德这个工作对于科学具有重要意义。他说："为了获得科学思考的坚实基础，亚里士多德在他的逻辑中着重分析了语言形式，分析了与它们的内容无关的判断和推理的形式结构。这样，他所达到的抽象和准备的程度，是希腊哲学在他之前所未曾知道的，因此，他对我们思想方法的阐明和建立思想方法的秩序作出了重大贡献。他实际上创造了科学语言的基础。"① 这种相关可以说是科学的生命和灵魂。

（2）亚里士多德是在辩护脉络中展开这种相关的。

培根最早提出知识的哲学研究应区分开"发现"和"辩护"（他称为"评估"）两个分野。莱辛巴赫（H. Reichenbach）身为逻辑实证主义主要代表人物之一，进一步把这发展为"发现脉络"和"辩护脉络"的区分。自此，这个区分成为知识之哲学研究的最重要规定，几乎可以说是"定海神针"。西方哲学史上，亚里士多德的形而上学、康德的认识论和逻辑实证主义的方法论都是在"辩护脉络"中展开的。

所谓"发现"脉络，乃指围绕科学发现和科学革命，也即知识产生展开。"辩护"脉络是指围绕作为科学认识活动之产品和成果的现成知识展开。形而上学围绕知识对象即自然存在者展开；认识论围绕认识主体，尤其人对知识的贡献展开；方法论围绕知识本身，尤其知识的规范展开。亚里士多德的逻辑哲学包括形而上学和方法论两个部分，都在"辩护脉络"中展开。从同人结成认识关系的自然界来说，自然事物本身在作为认识者——共同体的成员——的人在生活世界里进行的行动中同它遭遇，向作为纯粹意识的它开显，而"发现"就在这中间进行。现象学存在论或者说生存论正是在"发现脉络"中展开，把存在者的存在本身把握为这种开显，后者同时也就是纯粹意识之对事物本身的本质直

---

① 海森堡：《物理学和哲学》，范岱年译，北京：商务印书馆，1981年，第110—111页。

观和意向体验。可是，晚至逻辑实证主义，还认为"发现"属于心理学研究的范围。差不多同时，现象学才开始专注于"发现"，称有关学说为"真正认识论"。这时离开科学产生已过去了大约四百年，但科学革命倒几乎是接踵而来。

哲学从"辩护"出发，再走向"发现"，这个历史路径和顺序自有其合理性。古希腊哲学从认为"万物本原于水"到提出"本原于存在"，始终在致力于弄清楚，期望中的知识究竟是什么样的，自然地也就在"辩护脉络"中行进。找到"存在"之后，把它当作"存在者"继续探究，而不是转向去关注什么"存在本身"。这正是在前行道路上行进，而不是倒退。其实，唯有在弄清楚了存在者怎么样，认识主体如何"复现"所呈现的存在者，知识本身又如何呈现主体取得的关于客体的认识这一切之后，哲学才有可能进而探究"发现"问题。值得注意，现象学作为"发现哲学"表现出同亚里士多德形而上学和康德认识论有着奇妙惊人的对应关系，这就雄辩地证明了这个哲学历史进程的合理性和必然性。

现在再来看"辩护脉络"中的三者本质相关。这里，一方面，实存者及其"本体"作为逻辑的东西乃形诸语言，另一方面，实存者及其知识本身也形诸语言，是语言的逻辑形式。显然，实存者及其"本体"和知识同一于语言的逻辑形式。这就是知识、逻辑和语言三者之本质相关的底蕴。维特根斯坦（L. Wittgenstein）以其前期哲学的所谓"图画说"道明了这一点。"图画"既是"事实"即存在者[1]，又是对"事实"的描绘即知识。[2] 同时，这"图画"是命题，又形诸语言——语句。[3] "图画"

---

[1] 参见维特根斯坦：《逻辑哲学论》，2.141，郭英译，北京：商务印书馆，1985年。
[2] 同上书，2.16。
[3] 同上书，2.0231。

又是逻辑的东西,即作为存在者的逻辑形式。① 总之,三者同一于"图画"这种知识、逻辑和语言之合体。

亚里士多德的逻辑哲学作为形而上学首先当然事关自然存在者。同时,他又是根本上首先以其范畴论即"十个范畴"来建构存在者,他把它们称为"存在"的各种意义。换句话说,他以它们及其构成的主—谓结构命题以至推理,把存在者建构为现成的逻辑东西。这样,他的形而上学在"辩护"脉络中展开,因而上述"三者本质相关"便是也落在此脉络之中。至于它作为方法论,同样而且更其鲜明地在"辩护"脉络中展开,三者的本质相关也更其显豁。

二 知识的目标是实存者的本体

众所周知,古希腊哲学产生伊始,就以探究知识问题为己任。面对自然万物,一开始,泰勒斯为代表的米利都学派提出,万物起源于也复归于物质的"始基",并认为它是"水"。这种自然哲学便以物质的东西作为知识目标,把它看作万物为本原。亚里士多德写道:"最早的哲学家大都认为,物质性的本原是万物的唯一本原。存在的万物由它们组成,最初由它们产生,最终又分解成它们(余下本体存留,但它按种种变型变化)。他们说,这是事物的元素,是它们的本原。因此,他们认为,没有生成或者消灭什么,因为这种实体始终保存着。……他们说得好,没有别的什么产生或者终止存在。因为,必定有某种实体——一个或者多个存在着,一切其他事物都由它产生,而它保存下来。"② 这个开端导致走向存在论,也即自然哲学发展成了形而上学。

---

① 参见维特根斯坦:《逻辑哲学论》,2.2。
② Aristotle: *Metaphysica*, 983^{b}7-18。

存在论的本体转向

前面已提到，古希腊哲学从巴门尼德到亚里士多德走完了建立形而上学的历程。形而上学可以说是存在论关于现成存在者的学说，它在辩护脉络中展开。存在论发展到生存论阶段，便成为关于存在本身的学说。如果说巴门尼德是形而上学的创始者，那么，柏拉图是奠基者，而亚里士多德则是完成者。

（1）巴门尼德开创了存在论的传统。

"他的问题是知识方面引起的，他观察了眼前形形色色、变幻无常的世界，觉得丝毫没有统一性与固定性，由此得不到确实、永久的知识，然而感官所接触的莫非这种境界，于是便想在感官以外另找出路，结果找到思想的路。"① 他沿着这条道路，"用理性上抽象的作用把宇宙间形形色色、幻变无常的现象一概剔开，最后仅仅剩下一个'有'（the being）"②。

巴门尼德的"存在"观念围绕拒斥"不存在"展开。他说："一条路，它存在，不可能不存在，这是令人信服之路，因为它紧紧追随实在；另一条路，它不存在，它不存在是必然的——这条路，我告诉你，是完全不可相信的。"③ "这条路，我告诉你，是完全不可相信的 [或：不可发现的]；因为你既不会认识 [或意识到] 那不存在者（因为那不可能做到），也不会指出它。"④ 这条思路决定着他的"存在"观念。文德尔班指出："这就是**实体性**，即物质性（τò πλέον）。对于他来说，'存在'和'充实着的空间'是同一的东西。对于一切'存在着'的东西说来，这个'存在'，这个充实着的空间的功能，恰恰是同一的东西；因此，

---

① 严群：《分析的批评的希腊哲学史——前苏格拉底部》，北京：商务印书馆，1981年，第25页。
② 同上。
③ 转引自泰勒（C. C. W. Taylor）：《从开端到柏拉图》，韩东晖等译，北京：中国人民大学出版社，2003年，第150页。
④ 同上书，第153页。

第一章 总纲领：作为知识对象的实存者是语言的逻辑形式

只有一个没有内在区分的单一的存在。'非存在'，或者说不**存在**的东西［没有存在的属性的东西］，意思就是无形体，就是**虚空**（τὸ ηενόν）。巴门尼德所用 εἶναι（存在）一词的双重意义（照此，这词一时意谓'充满的'，一时又意谓'现实性'）就导致这样一个命题：**虚空不可能存在**。"①

现在，我们可以明白巴门尼德的存在论即形而上学的主要特征。首先，他的"存在"观念兼具存在（being）和存在者（beings）两重意义，同时，这"存在"又是"存在者的存在"也即现成存在者的实存。这就是说，他的"存在"不是生存论所把捉的"存在本身"（Being），后者是"开显"，对于它来说，"无"是"不在场"。其次，作为初创的存在论，他的"存在"观念尚未彻底摆脱"物质性"，留下了脱胎于自然哲学的烙印，他的"存在"之具备"充实"机能，正是缘于此。

（2）柏拉图以"理念"脱尽"存在"的物质性。

柏拉图作为形而上学奠基者，最大贡献是提出"理念"（idea），它去除了巴门尼德"存在"所包含的物质性。正是缘于此，他也称之为"形式"（form）。他在对话《国家篇》中以"床"为例说明了理念这个形而上学范畴。他说："神出于自愿或由于某种压力不在那张本质的床之外再制造其他的床，所以他只制造一张本质的床，真正的床，床本身。"② "制造床和桌子的匠人用他们的眼睛注视着它们的类型，把我们使用的床和桌子制造出来，其他事物也一样，不是吗？但是类型本身肯定不是匠人制造的。匠人怎么可能造出类型来呢？绝无可能。"③ "真正的床""床本身"就是床的理念。理念作为存在者，现在是纯形式，脱尽质料性。正如文德尔班所指出的④，柏拉图以其作为"非物质的存在"的理

---

① 文德尔班：《哲学史教程》上卷，第57页。
② 《柏拉图全集》第二卷《国家篇》，597C，王晓朝译，北京：人民出版社，2003年。
③ 同上书，596B。
④ 参见文德尔班：《哲学史教程》上卷，第161—162页。

念，遂把巴门尼德开创的形而上学建立在了全新的基础之上。

理念论的核心思想是，存在着作为真正"存在"的"理念"即"形式"的世界和虚妄的流变的现象世界，两者截然分离，前者独立于后者单独存在。文德尔班指出，柏拉图的理念论是对巴门尼德所代表的爱利亚学派之物质性"存在"的超越，"在理念中寻求真实存在的是非物质性**爱利亚主义**"①，"理念是通过概念而认知的非物质的存在。那就是，因为苏格拉底用以发现科学本质的概念并非在可感知的现实中原样地反映出来，所以那些概念必然形成'第二个'或'另一个'现实，此现实不同于可感知的现实，它独立存在"②。不过，亚里士多德肯定了理念③论所否弃的感性流变现象世界，尤其强调两个世界不可分离。他写道："看来不可能的是，本体同以它为本体的东西该分离存在。因此，'理念'既是事物的本体，怎么能单独存在呢？在《斐多篇》中，事情这样陈明：'形式'是存在和生成的原因。然而，当'形式'存在时，分有它们的事物尚未存在。"④他由此出发来发展形而上学。其实，可以说，"理念"是从"存在"向"本体"的过渡。

（3）亚里士多德以"本体"发展"存在"范畴。

如前所述，亚里士多德认为，第一哲学作为存在论旨在研究自然实

---

① 文德尔班：《哲学史教程》上卷，第161页。
② 同上书，第162页。
③ "理念"原文为ιδέα，意为观念、形式、逻辑的"神"，英译为idea，此词之形、音和义肯大致相同于这希腊语词。汉语学界历来通译为"理念"。但质疑声不绝，更有另措译名者，尤以"相"为著。作者以为，译名"理念"最为贴切而受用。"理"传达"理性"之义，"念"指精神性东西，皆深合柏拉图本意。所谓一部西方哲学史不啻为柏拉图做注，准此，"理念"果真在康德、黑格尔和胡塞尔诸大哲手里一路传来，金身不败。至于"相"，实在失诸弄巧成拙。殊不知，汉语哲学语境之中，如熊十力所说："相者，即是性之生生、流动、诈现相状，余故说为功能。譬犹大海水变成众沤，比喻法相。大海水，比喻法……"（《体用论》）。显见，"相"所对应者恰是柏拉图所否弃者，而"理念"倒是对应此处的"性"。
④ Aristotle: *Metaphysica*, 991^{b}1–5.

第一章　总纲领：作为知识对象的实存者是语言的逻辑形式

存者的原因和本原，而这也正是知识的目标。如刚才的引文可知，他看到，柏拉图的"理念"正是沿此理路找到的"本体"，但"理念论"最大问题在于认为"本体"世界单独存在。亚里士多德的"本体"观念之核心和关键在于认为，"本体"是实存自然事物的原因和本原，而自然事物以个体实存，所以"本体"作为原因和本原首先且本然地是实存个体的原因和本原。这就是说，个体现象世界不特不能否弃，而且是就知识对象来建构实存者的重要又必要以至核心的一环。总之，亚里士多德的"本体"观念的这个要点怎么强调都不过分。

　　亚里士多德表明，实存自然事物作为形而上学所建构的知识对象，"本体"正是它的原因和本原。他写道："本体是本原和原因。因此，让我们从这个出发点来追索它。人们总是以此形式追问'为什么'——'为什么一个东西归附于另一个东西？'因为，探问为什么这个有音乐才能的人是个有音乐才能的人，这不是探问——如我们已说过的——为什么这个人是有音乐才能的，就是探问为什么这人不是如此而是别样的。所以说，'为什么一个东西是它本身'是个无谓的探问（因为，〈对于给予'为什么'这种问题以意义来说〉事实或者说这东西的实存一定已经让人一清二楚——例如月亮被蚀——但是一个东西是它本身这个事实倒是在回答一切像'为什么这人是人'或者'为什么这音乐家是有音乐才能的'这样的问题时总是可以给出的单纯理由和单纯原因，除非这样回答说：'因为每个东西都不可能同它自己分离，它之为一者就恰意味着这一点。'然而，万般皆然，这是应对这等问题的简易之道）。不过，我们可以探问，为什么人是这般本性的动物。显而易见，我们不是在探问：是一个人的他为什么是一个人。我们是在探问：为什么某个东西可由某个东西谓述（它之可以被谓述，那毫无疑问。因为，否则的话，所探问者便成子虚乌有）。例如，为什么天空打雷？这等同于'为什么云层作响？'可见，这探问事关一个东西被另一个东西谓述。再者，为什么这些东西，如砖块和石块是一所房屋？显然，我们在探寻原因。这是本质（抽象说来），它在有些情形里是目的，例如在房子或床的情况里也许就是这样，在有些情形里则是原动力。因为，这也是原因。不过，在发生和毁灭的情形里所探寻的是有效的原因，而在存在的情形里则是终极的。"① 谓项给出主项（实存事物）的"本体"，也就是其本原和原因。

这样，第一哲学作为存在论（ontology）现在转归为研究"本体"，也就是说，在亚里士多德那里，它成为本体论（ousiology），这也就是他的形而上学。所谓存在论的"本体转向"，其意端在于此。

本体作为存在的精致性

无疑，形而上学的发展乃围绕"存在"范畴展开。从巴门尼德创始到亚里士多德完成，这范畴经历了从朴素的"存在"到精致的"本体"之历程。

（1）巴门尼德的"存在"是朴素的"一"。

他提出，"存在"作为"一"，是不可分的、一致的、完满的、独一无二的、不变的、必然而有限的。他说："它也不是可分的，因为它整个以相同的方式存在，在任何一个地方，它既不会在任何一个方面多一些（这会妨碍它连接在一起），也不会在任何一个方面少一些：整个儿充满了存在。因此，它是完全一致，因为存在紧接着存在。"② "同一者，停留在同一者中，它独处着，这样，它固定着停留在那里，因为强大的必然性把它禁锢在界限的锁链中，这界限从四面包围着它。因此，说存在应当是不完满的，是不正确的，因为它没有欠缺——若不然，它会什

---

① Aristotle: *Metaphysica*, 1041ᵃ9-33.
② 转引自泰勒：《从开端到柏拉图》，第160页。

第一章 总纲领：作为知识对象的实存者是语言的逻辑形式

么都欠缺。"① 显然，这里"存在"作为"一"，是空洞的、笼统的。

巴门尼德的"存在"观念如上所述围绕拒斥"非存在"展开。他是指流变的、感性的东西之不存在。无疑，这是他对存在论做出的又一重要贡献，因为这蕴涵着本体和现象的区分，而这正是形而上学对存在者做出的首要规定。

亚里士多德在《形而上学》中对以上两点有过精当评述。他写道："巴门尼德似乎专注于定义上为一的东西，麦里梭（Melissus）则专注于物质上为一的东西，由于这个缘故，前者说，它是有限的，后者说，它是无限的。这些倡导'一'的学者群中的第一人色诺芬尼（Xenophanes）（因为巴门尼德据说曾是他的弟子）没有做过清楚的陈述，似乎也没有领悟这两个原因无论哪一个的本性，但在提到整个物质宇宙时，他说'一'是神。如我们已说过的，就本探究的目的来说，现在必须冷对这些思想家——其中两位，即色诺芬尼和麦里梭更应根本撇开，因为他们朴素得过头了点。不过，巴门尼德在有些地方所论颇有见地。因为，他声称，除实存者外，没有什么不实存者实存，故他认为，一个事物即实存者出于必然性而实存，除此之外就再无什么实存（关于这一点，我们在有关自然的著作中有过更详尽的论述）。不过现在，他不得已而关注观察事实，认为在定义上为一的、按照感觉又多于一的东西实存，于是假定了两种原因和两种本原，称它们为热和冷，即火和土；他又把其中的热列入实存者，另一者列入不实存者。"② 这里，亚里士多德一方面指出，巴门尼德之"存在"为"一"，是素朴的；另一方面又肯定他把"存在"把握为与现象对立的"本体"，尽管他的"存在"是空洞的"一"，尽管他否弃流变的现象。

（2）柏拉图理念论主张"两个世界"，提出"理念"为"类"。

---

① 转引自泰勒：《从开端到柏拉图》，第161页。
② Aristotle: *Metaphysica*, 986^{b}18-987^{a}1.

巴门尼德的"存在"之空洞笼统，在于其规定多为负面的，而正面的规定则唯有空泛的"一"，也仅同"不实存者"即流变的现象相区隔。不过，这个区隔却道出这"存在"实际上是"本体"的存在。

柏拉图的理念论正是接续巴门尼德的形而上学，尤其从上述两个方面去发展它。

其一，理念论明确提出"两个世界"即作为形式的本质世界和现象世界的理论。它认为，对前一个世界，通过思维获取知识，对后一个世界则凭感觉只能得出意见。亚里士多德指出："柏拉图年青时一开始熟识的是克拉底鲁（Cratylus）以及赫拉克利特（Heraclitus）学说（一切可感事物皆总是处于流变状态，关于它们没有知识可言）。他甚至到晚年还坚持这些观点。然而，苏格拉底（Socrates）致力于伦理问题，对自然界整体上漠不关心，但在这些伦理问题上寻求普遍，还率先专门思索定义。柏拉图接受他的教诲，但认为，定义问题不适用于可感事物，而是适合另一类实体——由于这个原因，不可能对任何可感事物下共同定义，因为它们总是在变化着。于是，他把这另一类事物称为'理念'。"①

其次，他从这两个世界之间的关系来充实丰富"理念"。虽然柏拉图否定现象世界的知识论地位，但是他肯定两者之间有关系，并确定这是"模仿"的关系。"在本质（οὐσία）的高级世界与流变（γενεσις）的低级世界之间，在**真实存在**与处于流变过程中的事物之间，他找到了类似的关系，这种关系存在于原型（παραδείγματα）与原型的摹本或肖像（ἴδωλα，偶像）之间。"② 既然确立了这种关系，那么，事物世界的多样性势必要在"理念"世界反映出来，"因此非物质世界充塞着整个经验世界的原型。有多少类概念，就有多少理念。对柏拉图说来，有数不清

---

① Aristotle: *Metaphysica*, 987^{a}33-987^{b}8.
② 文德尔班：《哲学史教程》上卷，第165页。

第一章　总纲领：作为知识对象的实存者是语言的逻辑形式

的'形式'"①。事物种类的多让"理念"成了"类概念"。于是，"理念"不是作为空洞笼统的"一"的"存在"，而是被充实以"类"而成为了多，从而得到了丰富。

（3）亚里士多德通过把两个世界相结合，使"本体"达于精致。

亚里士多德紧紧抓住理念论之分离"两个世界"这个症结。他指出，这是理念论的困难所在："就那些相信'理念'的人来说，可以同时考量他们的思路和陷入的困难。因为，他们既把'理念'搞成是普遍的，同时又把它们当成是分离的，当成是个体看待。前面已论证过，这是不可能的。那些说本体是普遍的人所以把这两个特征结合在一个东西中，其原因是，他们未使本体同一于可感事物。他们认为，可感世界的各别具体事物处于流变状态之中，没有一个驻留下来，而普遍的东西同这些事物分离，是别样的事物。如我们在早先的讨论中所说，苏格拉底以其定义推动了这个理论，但他没有把普遍的东西同个体分离开来。在这里，就不分离它们而言，他的思想是正确的。这从种种结果可以明白。因为，虽然离开普遍东西，就不可能获致知识，但是，这种分离导致对'理念'诘难纷呈。然而，他的后继者认为，如果在可感的、无常的本体之外，还要有什么本体的话，那么，其情形就必然是，它们必定是可分离的。因此，他们唯一做的，只是给予这些被普遍地谓述的本体以分离的实存，以致有这样的结果：普遍和个体几乎成了同一种类东西。"②

如前所述，亚里士多德的"本体"观念，其核心在于把握普遍和个体两个世界间的结合，也即因果联系。他还指出，其实，柏拉图提出"理念"，初衷也在于此。他说：柏拉图们"最初是在设法把握我们周围

---

① 文德尔班：《哲学史教程》上卷，第166页。
② Aristotle: *Metaphysica*, 1086^{a}34–1086^{b}13.

事物的原因时假定,'理念'是原因"①。这个世界是实存自然事物的世界,是个体的世界。这个世界千变万化,光怪陆离。因此,这决定了"本体"作为它们的原因、对它们的解释,不可能是作为"存在"的空洞笼统的"一",也不会是单纯呈"类"的规定之"理念",而只能是精致的。

"本体"的精致化,首先在于亚里士多德如前所述提出所谓的"十范畴"。这就揭示了,"存在"作为实存自然事物个体之原因和本原,有着十种意义,从而大大丰富了"本体",因为其中九种都围绕"本体"这个核心,都是对它的刻画和规定。不宁唯是,这里精致化更在于本体和其他"九范畴"结成主—谓逻辑结构,成为存在者的实存模式。这就是说,存在者个体的实存模式是,其本体由"九范畴"来刻画。无疑,这正是把"两个世界"形而上学地也即逻辑地结合起来所使然。同样,这种结合还导致亚里士多德把存在者的实存呈现为"本体—现象"结构和"个体—类"格局。这一切在在使"本体"臻于精致化。

实存个体之在先独立性

知识固然以作为普遍的"本体"为目标。然而,这是缘于"本体"乃是实存自然个体之原因和本原。认识原本就起于面对变化莫名的自然界,而这正是亚里士多德所看重的实存个体世界。巴门尼德和柏拉图都否弃实存个体,把"存在"转归联通于思维的本体世界。亚里士多德以其形而上学强调实存个体之在先独立性。因此,不妨说,从前者到后者,形而上学上发生了某种意义上的"哥白尼革命"。诚然,革命后形而上学仍围绕"本体"展开,但"本体"现在是"个体的本体"。

(1)巴门尼德认为,对个别事物的经验是"习俗的虚构"。

巴门尼德的形而上学提出,那作为"一"的"存在"是唯一的,它

---

① Aristotle: *Metaphysica*, 990^b1-2.

第一章 总纲领：作为知识对象的实存者是语言的逻辑形式

由思维接应。知觉所经验到的变化多样个别事物只是"习俗的虚构物或名称"①，这里不能获致知识。他说："所有的可死灭者［指普通人——引者］所确立的、信以为真的东西，诸如变成—存在和消灭，存在和不存在，改变位置和变换鲜明的色彩，都将［只］是名称。"②总之，多元个别事物世界是处于"存在"之外的虚妄，对它们没有知识可言。泰勒表明了巴门尼德的这一思想。他写道："外部是'迎合眼睛的东西'：为感官所知觉的实在之偶然碎片。感官知觉即使事实上是真实的，由于欺骗的可能性，也不可能提供知识。它所揭示的不是实在核心的部分，而是非本质的，不可由推理论证的。"③"在这里，正是普通谈话的主题、我们一般视作世界之多变内容的事物，被斥责为只是'名称'、习俗的喧嚣，别无他物。既然关于它们的陈述不可能是真的，它们就不可能被真正地言说和思想。"④"因为根本不存在对虚假事物的言说和思想，明显虚假的思想必定'只是名称'。"⑤

（2）柏拉图认为，实存个体依附于"理念"。

柏拉图否认个体世界有认识上的价值，但他承认个体之作为感觉实存，问题是他强调个体世界对理念世界的依存关系。文德尔班指出了这一点："只要事物具有寓于理念之中的性质，那种类概念或种便出现在这一事物中。理念来来去去，理念时而与事物沟通，时而离去；与此同时在具有知觉的眼睛看来，与理念相似的这些事物中的性质则相继地改变。对柏拉图说来，只要承认理念世界的依赖性，这种关系的上述确切规定只不过是次要的问题。"⑥这种依赖关系在于理念世界的在先独立性，

---

① 泰勒：《从开端到柏拉图》，第166页。
② 转引自泰勒：《从开端到柏拉图》，第166页。
③ 同上书，第167页。
④ 同上书，第166页。
⑤ 同上。
⑥ 文德尔班：《哲学史教程》上卷，第165—166页。

而实存个体只是对理念的"分有",只是"理念"的摹本,如策勒尔所表明的:"巴门尼德的世界是思想的世界。思想所专注的不是事物的特性,而是事物的共性,这种共性是属于同一'类'事物所共有的。因此,不是每一各别事物所特有的东西,而是它与同属一类的其他事物所共有的东西才是持久的和本质的。这种共性,自从亚里士多德以来,我们称之为概念,而柏拉图称之为理念(ιδεα, ειδος)。'当我们给众多的各别事物取同一个名字时,我们就假定有一个理念存在。'① 正是在数学中,可以十分清楚地看到他赋予事物形式的意义。举例来说,一个正方形的形式是被一劳永逸地固定了的,不论可能存在多少这一形式的个别例子。所有这些个别的图形,只有当正方形的形式在它们之中呈现,或它们分有正方形的形式,它们才是正方形。其他有关它们的一切,对正方形的理念来说,都是无关紧要的。当然,经验的几何图形属于感觉世界。"②

亚里士多德指出,这种关于实存个体乃是对"理念"的"分有"的思想,是柏拉图从毕达哥拉斯(Pythagoras)学派继承下来的,只不过以"分有"取代了后者的"模仿"。他写道:柏拉图"说,可感事物全都按这些[称为'理念'的]事物、因着对这些事物的关系而命名。因为,这许多事物乃借分有与它们同名的'理念'而实存。唯有'分有'这个名目是新的。因为,毕达哥拉斯派说,事物借'模仿'数而实存,柏拉图说,它们借分有而实存,掉换了名目而已。但是,对'形式'的分有或模仿可能会怎样这个问题,他们束之高阁"③。

(3)亚里士多德以其形而上学把实存个体推到第一位。

为解决这个问题,亚里士多德走出了关键一步:在结合"两个世界"的基础上,把"存在"的重心转到实存个体上来。如前所述,这也

---

① 《柏拉图全集》第二卷《国家篇》,596A,参见507B。
② 策勒尔:《古希腊哲学史纲》,第139—140页。
③ Aristotle: *Metaphysica*, 987^{b}8—13。

第一章　总纲领：作为知识对象的实存者是语言的逻辑形式

是回归哲学的初衷，即面对实存个体自然事物世界，寻求其本原和原因。一句话，实存个体事物才是哲学作为形而上学的关怀目标。而这个体的最高表征是在先独立性。对认识者来说，先有独立实存（亚里士多德称之为"自存"）的个体，然后才去找作为其本原和原因的"本体"。

亚里士多德把实存个体奉为形而上学的至上关怀。他说："一般说来，对'形式'做的论证毁掉了事物，而我们对事物的实存所抱热忱，甚于对'理念'的实存。因为，这导致的结果是：第一位的不是二，却是数，也就是说，相对的东西先于绝对的东西。"[①] 柏拉图接过毕达哥拉斯学派的形而上学，赞同"数"和"一"为本体，又增加了"二"（所谓"不定的二"）作为事物的质料因，正如第欧根尼·拉尔修（Diogenes Laertius）所说："万物的始基是'一元'（μονάδος）。从'一元'产生出'二元'（δυόδος），'二元'是从属于'一元'的不定的'质料'，'一元'则是原因。"[②] 理念论割裂本体和事物，并否弃后者，结果导致相对的东西（"数"即"本体"）先于事物（"二"）。

亚里士多德表明，只有把两者结合起来，特别是把本体把握为个体事物的本质，才能揭示实存个体事物的在先独立性。实存个体事物的原因和本原则在于其本体。实存个体事物是在先独立的，既然如此，个体的本体也是在先独立的，而类的本体则是在后的、派生的。亚里士多德提出所谓"第一本体"和"第二本体"之说，其命意正在于此。这在下一章将详加研讨。

本体首先是可感本体——个体的本体

实存个体作为现象是感觉的对象，其在先独立性也正在于此。本体

[①] Aristotle: *Metaphysica*, $990^b 18$-20.
[②] 北京大学哲学系外国哲学史教研室编译：《古希腊罗马哲学》，北京：生活·读书·新知三联书店，1957年，第34页。

作为个体之本体无疑因而同感性本质地相关。所以，亚里士多德提出"可感本体"概念，表明"本体"根本上带可感性。类的"本体"则不可感，因而是第二性的，对于"可感本体"是在后的。

（1）巴门尼德开创了"本质和现象"二元对立，尽管他否弃后者。

如前所述，巴门尼德把现象视为"习俗的虚构"，关于它们也只能产生虚妄的"意见"。不过，他对它们还是抱持严肃的态度。他说："你必须了解一切：既有圆满实在［alētheiē］不可动摇的核心，也有可死灭者们的意见，其中不存在真理的任何实在的保证——但仍然，这些事情你还要学习，看如何［或：因为］不得不是这种情形：意见不得不应当广受赞誉地存在，它们全部经历了每一件事情。"①

重要的是，他确立了"本质—现象"这个二元区分。策勒尔指出了他所占据的这个哲学史地位："此外，这个极端的一元论者，由于把人类的理智不自然地分成两个对立的官能，赋予其中一方以至高的地位而牺牲另一方；由于他支持一种只能为思维所理解的抽象的存在，而无力地排斥感觉世界，这样他就为形而上学的二元论铺平了道路，这种二元论在柏拉图的理念论中得到它最完整的表达形式。"②

（2）柏拉图把"不可感本体"和"可感事物"对立起来。

柏拉图以其理念论真正确立了"两个世界"之二元对立，就此而言，他不仅如前所述把两个世界完全割裂开来，而且更把"不可感本体"和"可感事物"对立起来。

这种对立首先在于实在性上。柏拉图认为，"理念"作为"不可感本体"是实在的，"可感事物"则无实在性可言。他认为，本体是不可感的，是"形式"，是与思想对接的实在。他说：例如，"三角形性是当我思考三角形性时意识到的一种存在者。其次，思考三角形性并不等于

---

① 转引自泰勒：《从开端到柏拉图》，第167页。
② 策勒尔：《古希腊哲学史纲》，第55页。

第一章　总纲领：作为知识对象的实存者是语言的逻辑形式

我意识到某种在我自己心灵中的思想。思想被指向一种不同于自身的内容，即一种型相［形式——引者］(《巴门尼德篇》132b–c）"①。他认为，另一方面，可感事物变化不止，没有实在性。他写道："我们在现象世界发现的东西应当这样来描述：例如，这个（即空间）像火一样。类似的，金子是三角形的，这个陈述是：作为潜在的中介，金子接受并展示出特征，但并非就是那种特征，亦不具有因形状的出现而被影响的自身的本性。"②"因为可感对象的可变特征就已经暴露出，它们不足以成为知识的对象所要求的东西：它们什么也不是，而只是显得是实在和模仿实在。"③总之，"柏拉图说型相是实在的，或者在强意义上与可感对象的显现和生成特征相对立"④。

其次，这种对立还在于，"不可感本体"和"可感事物"在性质上出现相似（以上引文已提到），更确切地说，"可感事物"表现出具有属于"不可感本体"的性质，那只是表面上的相似，实际上后者并不如前者那样，即不是由于本性或本身而具有这些性质，因为例如"三角形的本性或存在不是呈现在可感对象中，而是超越可感对象并且丝毫不存在于对可感对象的所知当中"⑤。

总之，在柏拉图那里，"不可感本体"和"可感事物"两者完全隔绝而又对立。

（3）亚里士多德揭示，"本体"根本上首要地是"可感本体"。

亚里士多德表明，实存个体之在先独立性，乃缘于个体作为感觉对象而具有的对于认识的在先性。他说："一般说来，如果只有可感事物实存，那么，倘若没有生物，则本来就会什么也没有。因为，本来不会

---

① 泰勒：《从开端到柏拉图》，第410页。
② 同上书，第413页。
③ 同上。
④ 同上书，第410—411页。
⑤ 同上书，第413页。

有感觉官能。于是，那种认为可感性质、感觉本来都不存在的观点，无疑是真确的（因为它们是感知者的特性），而那种认为如果无感觉，那么引起感觉的基质甚至根本不存在的观点，则根本站不住脚。因为，感觉无疑不是对于自身的感觉，而是在感觉之外另有某种东西，它必定先于感觉；因为，驱动的东西本性上先于被驱动的东西，而如果它们是相关项，则情形就是这般。"① 个体先于感觉，而认识始于感觉，所以个体是在先的，并且绝对在先。他写道："在另一种意义上说，对于知识来说是在先的东西也被视为绝对在先的。这些东西中，定义上在先的并不同在对感知关系上在先的相吻合。因为，在定义上，普遍是在先的，而在对感知的关系上个体在先。"② 这样，实存个体在于其作为现象对于感知之在先性。"本体"是个体之本体，也就是说，"本体"是个体之为现象的本体。总之，"本体离开了可感事物，就不可能实存"③，"只有可感本体实存"④。"本体"总是个体之现象的本体，依个体而实存，与现象共成个体而实存，而"第二本体"（类）并不实存。所以，亚里士多德强调，"不可感本体"这"理念"并不实存，实存的唯有可感事物及其"本体"即"可感本体"。为此，他诘问："我们非得说：唯有可感本体实存，或者，除这些本体外还有其他本体吗？"⑤ 当然，亚里士多德认为，"不可感本体"不实存，因为，本体不可能离开可感事物而单独自存。

三 实存者及其本体是逻辑的东西

亚里士多德的形而上学乃围绕着眼于知识对象即实存个体的"本

---

① Aristotle: *Metaphysica*, $1010^b30-1011^a2$.
② Op. cit., 1018^b32-34.
③ Op. cit., 997^b22.
④ Op. cit., 997^a34.
⑤ Op. cit., 997^a34-35.

第一章　总纲领：作为知识对象的实存者是语言的逻辑形式

体"来对实存者做哲学建构展开，而这种建构根本上和实质上乃是逻辑的建构，因此，作为其产物，"本体"以至实存者乃是逻辑的东西。既然这建构是对实在即实存者的建构，而所得产物本身是逻辑的东西，那么，显而易见，亚里士多德的"形式逻辑"（这个名称由康德倡言）就是他的形而上学。他强调，"显然，既然哲学家在研究一切本体的本性，那么探究三段论逻辑的原理，也是属于他的任务"①。一句话，亚里士多德的知识哲学可以说是形而上学为魂，形式逻辑为体。诚然，这形式逻辑还包括"方法论"这个次要的衍生部分。

存在论的逻辑转向

巴门尼德开创了形而上学，然而它仍不脱从质料方面去规定"存在"，尽管他那里已萌发了逻辑地建构实在的努力。这条路线在柏拉图那里有所进展。不过，直到作为逻辑创立者的亚里士多德那里，才真正实现了存在论的逻辑转向，乃至形而上学和形式逻辑合为一体。

（1）巴门尼德的"存在和思维同一"思想为形而上学开辟了逻辑进路。

巴门尼德把"充实"奉为"存在"的重要规定。因此，如弗里曼（K. Freeman）所说："可能是：他按通常的'经验的'方法追求知识，相信他所听到的，一直到关于'一'的灵感支配了他。"②然而，这并不妨碍他提出"存在和思维同一"这个重要思想。他说："思想和思想存在是一回事，因为离开存在你将找不到思想，思想是在存在中变得明晰的。"③他对世界做二分，认为思维才能通达"存在"。在他看来，思维总是以存在为对象，因而其产物总是存在，就此而言，可以说存在思维它自身。一句话，存在和思维同一。这样，"存在"即"本体"之作为

---

① Aristotle: *Metaphysica*, 1005^{b}5–7.
② 转引自叶秀山：《前苏格拉底哲学研究》，北京：生活・读书・新知三联书店，1982年，第134页。
③ 转引自泰勒：《从开端到柏拉图》，第166页。

逻辑的东西，决定了思维也是逻辑的，进而决定了形而上学思辨必然按逻辑去揭示存在的本性，去建构实存者，以至这思辨自身就是逻辑。显然，所谓"存在和思维同一"，乃在于同一于逻辑。

然而，他的"存在"只是空洞、绝对、独有的"一"，因此，他所谓的"思维"便仅止于这个素朴范畴，其"逻辑"也仅止于此。

（2）柏拉图对"理念"做了初步的、零散的逻辑建构。

他的"理念"正是以"普遍""类"和"个体"三个逻辑范畴建构巴门尼德的"存在"的产物。罗·海那曼（Robert Heinaman）指出了这一点："普遍性（generality）是世界的疑难特征，正是这一特征使柏拉图发展出了型相［形式——引者］论（Theory of Forms）以及与之相联系的认识论观点。普遍性无所不在这一事实的表现是多种多样的。1. 通常是一种特征，它为多个个体所表现，例如，红便是许多对象的特征。2. 普遍词项，如'是红的'，它被正确地应用在许多对象之上；或者是抽象的单数名词，如'三角形性'（triangularity），它能够命名某种东西，但不能命名任何个别事物。3. 我们能够思考像红（redness）这样的普遍特征和像'三角形是由三条边围成的平面图形'这样的普遍事实，它们作为思想的东西，不能等同于红的个别事物或个别的三角形的事实。4. 我们不仅能够思考而且知道像三角形性这样的普遍概念和关于它们的普遍真理。柏拉图是第一位专心思考这些事实的西方哲学家，而且他的型相论就试图解释这些事实的存在。"① "他对理念本质所发挥的普遍特征适用于所有类概念，因此非物质世界充塞着整个经验世界的原型。有多少类概念，就有多少理念。对柏拉图说来，有数不清的'形式'。若说，柏拉图的理念世界只不过是通过概念仔细思考过的知觉世界，这种批判是正确的。"②

---

① 泰勒：《从开端到柏拉图》，第407页。
② 文德尔班：《哲学史教程》上卷，第166页。

第一章 总纲领：作为知识对象的实存者是语言的逻辑形式

柏拉图尤其重视运用"区分"或"划分"这种逻辑方法。他说："我的建议是必须按照下列方法对事物的本性进行反思：第一，确定我们对之想要拥有科学知识并能将这种知识传授给他人的对象是单一的还是复合的；第二，如果对象是单一的，那么就要考察它有什么样的自然能力能对其他事物起作用，通过什么方式起作用，或者其他事物通过什么方式能对它起作用，如果对象是复合的，那么就要列举它的组成部分，对每个部分进行考察，就像我们对单一事物进行考察一样，要弄清它的自然能力，弄清它是主动的还是被动的，弄清它的构成。"① 总之，如策勒尔所指出的，柏拉图通过发展逻辑来把作为"一"的"存在"引向作为"多"的"理念"："理念在逻辑学方面的意义，是使我们能给万物的混沌以秩序，去辨认类似者，区别不同者，在多中领悟一。"②

（3）亚里士多德以"形式逻辑"落实形而上学，实现存在论的逻辑转向。

这里重要的是，要弄清楚在亚里士多德那里，他确立自己的形而上学，同他创立形式逻辑，两者是什么关系。首先，他面临为知识建构对象这个形而上学任务。完成了这个任务，也就是揭示了，存在者是逻辑的东西，康德称之为"形式逻辑"（康德自己发现，主体对知识的贡献也是逻辑的东西，称之为"先验逻辑"）。所以说，亚里士多德以"形式逻辑"落实形而上学。文德尔班洞察了这一点："很明显的是，关于正确思维形式的知识只有通过理解思想的任务才能获得；而这种任务又只有从有关认识与认识对象之间的一般关系的明确观念中才有可能显示出来。因此，亚里士多德逻辑同他的形而上学设想有极其密切的关系，这形而上学设想也是处理其它学科的基础。亚里士多德逻辑在原则上是彻

---

① 《柏拉图全集》第二卷《斐德罗篇》，270D，第 191—192 页。
② 策勒尔：《古希腊哲学史纲》，第 141 页。

头彻尾地认识论的。"①

他在完成形而上学任务中创造了形式逻辑。既然存在要由思维去对接，所以这逻辑同样也是关于思维的科学，后者关涉认识论和方法论。

不过，就逻辑作为认识论而言，还有待晚至康德循笛卡尔开启的认识论传统来创立。亚里士多德则在形而上学基础上，发展出作为方法论的形式逻辑——知识本身的逻辑。他的逻辑哲学的这个方面是本书第三章的主题。

需要强调指出，亚里士多德的形式逻辑作为形而上学，在认识论上也做出了具有深远意义的关键性贡献。在他那里，"本体"是个体的本体，个体又是现象的经验的东西，故而他的逻辑便是实存个体的也即事物本体和现象的逻辑。存在和思维同一，从思维方面说，形式逻辑也就是知性的逻辑。一句话，亚里士多德以其形式逻辑既建构实存者，也初步确立并建构了知性。

康德以理性和知性的区分作为认识论的基石。他提出这种区分，正是以柏拉图的理念和亚里士多德的知性概念即范畴之对比为根据。他写道："柏拉图这样来使用理念这种表达，以至于人们清楚看到，他是将它理解为某种不仅永远也不由感官中借来，而且甚至远远超出亚里士多德所研究的那些知性概念之上的东西，因为在经验中永远也找不到与之相符的东西。理念在他那里是事物本身的蓝本，而不像范畴那样只不过是开启可能经验的钥匙。据他看来理念是从最高理性那里流溢出来的，它们从那里被人类的理性所分有，但人类理性现在不再处于自己的本源状态中，而是必须通过回忆（也就是哲学）而努力地去唤回那过去的、现在已被遮暗了的理念。"②显然，康德把柏拉图的"理念"拉向自己的"物自体"，同现象个体隔绝而居于"理性"层次。亚里士多德不妨说以

---

① 文德尔班：《哲学史教程》上卷，第181页。
② 康德：《纯粹理性批判》，B370，邓晓芒译，北京：人民出版社，2004年。

第一章　总纲领：作为知识对象的实存者是语言的逻辑形式

知性概念即范畴去与个体之本体同一。他的形式逻辑作为形而上学正是也提供给知性以理解实存个体的"钥匙"，从而得出知识。理念作为理性概念用康德的话说，只是用来"统握"（begreifen）现实经验，不会提供相关知识。

逻辑规律表现实存者及其本体的确定性

形式逻辑作为形而上学，旨在从本体建构实存者。知识的初衷在于从变化中寻找确定性。古希腊自然哲学寻获质料性的始基，巴门尼德找到"存在"作为确定性的载体。亚里士多德终于把这确定性落实于作为实存个体之本原和原因的本体。建构实存者，关键在于建构本体，而这无疑首先在于确立其以确定性为根本表征和品格。众所周知的"逻辑三规律"，即同一律、矛盾律和排中律，其地位和功用正在于此。这里尤其需要强调的是，这三条规律作为形而上学的组成部分，首先以及根本上是实存者的规律，展现了实存者的本性。在逻辑史上，形式逻辑后来走出哲学轨道，尤其成为思维训练的学科，即康德所称的"普通逻辑"，那里这些规律常被认为是思维的规律。这种理解在很大程度上是一种误解。卢卡西维茨强调了这一点："认为逻辑是关于思想规律的科学是不对的。研究我们实际上如何思维或我们应当如何思维并不是逻辑学的对象，第一个任务属于心理学，第二个任务属于类似于记忆术一类的实践技巧。逻辑与思维的关系并不比数学与思维的关系多。当然，在你要进行推论或证明时，你必须思考，而在你需要解决数学问题时，同样也必须思考。但是逻辑定律并不比数学定律在更大的程度上关系到你的思想。逻辑中的所谓'心理主义'乃是逻辑在现代哲学中衰败的标志。"①总之，逻辑是实存者的逻辑。

---

① 卢卡西维茨：《亚里士多德的三段论》，第22页。

（1）亚里士多德把矛盾律奉为本体的首要原理。

本体之根本在于确定性。 亚里士多德认为，既然如此，形而上学从本体建构实存者，其首要任务就在于探究本体确定性的原理。他表明，这就是矛盾律。其实，早在巴门尼德那里就已提出矛盾律，"把这矛盾律建立在关于存在的规律的基础上"①。不过，"巴门尼德把异于'有'者定义为对于'有'的全部否定，就给了矛盾原则以一种绝对的意义。在柏拉图，则相反地每一个'有'的'非有'，也和那'有'一样，是一个和它相对立的实在；'非有'是在一切有着相互关系的东西之中分裂出来的'异'"②。

亚里士多德把矛盾律奉为形而上学首要原理，同时，重要的是，还把这原理从关于抽象"存在"（"实存"）移置还原到实存者的"本体"之上。亚里士多德首先指出，形而上学探究本体（也即作为存在的存在），它所提供的关于本体的知识作为真理乃是普适的"公理"。他写道："我们必须陈明，探究数学上称为公理的真理，跟探究本体是同属一门科学，还是分属不同科学。显然，这些东西的探究也属于一门科学，这就是哲学家的科学。因为，这些真理对于一切实存事物都成立，而不是仅对同其他属相离的某个特定属成立。人人都运用它们，因为它们对作为存在的存在是真的，而每个属都有存在。不过，人们只是为了满足自己的所需去运用它们，就是说，是在他们论证关涉的属所及的范围里运用之。因此，既然这些真理显然对一切作为存在的东西（因为存在是它们所共同的）都成立，所以，探究这些真理，也是属于研究作为存在的存在的人的任务。由于这个缘故，进行特殊探究的人，无论几何学家还是算术家，都不会想去对这些真理的真伪说三道四。其实，有些自然哲学家倒是已经这样做过，他们的做法也够明智。因

---

① 罗斑：《希腊思想和科学精神的起源》，第93页。
② 同上书，第220页。

第一章　总纲领：作为知识对象的实存者是语言的逻辑形式

为，他们认为，唯有他们在探究整体自然和存在。可是，既然有一类思想家甚至超过自然哲学家（因为自然只是存在的一个特殊的属），他们进行普遍的探究，处置第一本体，所以，讨论这些真理也将属于他们的事。"①

亚里士多德进而表明，矛盾律是所有这类形而上学公理的出发点，可说是公理的公理，一句话，是形而上学的首要原理。他指出，矛盾律是本体之诸多"最确实原理"中最确实者。他说："精通每一个属的人必定能够指出他的对象的诸最确实原理，因此，他以作为实存者的实存事物为对象，也就必能指出万物之诸最确实原理。这就是哲学家，而一切原理中最确实者乃是不能搞错的那一条。因为，这样一条原理必定既是最为人所知者（因为，对不甚了了的事物，人人皆会犯错），又是非假想者。因为，但凡通晓一切实存者的人莫不必定掌握的一条原理就不是一个假说；知晓一切的人莫不必定知晓的东西，他在着手具体研究之时必定先已掌握之。那么，显然，这样一条原理是一切原理中最确实者。这到底是什么原理，马上就见分晓。它是说：同一属性不可能同时并且在同一方面既属于又不属于同一对象；为了提防辩证诘难，我们必须预设可能附加的进一步限定。可见，它是一切原理中最确实者，因为它满足上面给出的定义。因为，任何人都不可能相信同一事物既存在又不存在，如某些人认为赫拉克利特就这样说。"② "我们现在已设定，任何事物都不可能同时既存在又不存在，且由此已表明，这是一切原理中最无可辩驳者。"③ 总之，"这自然是甚至所有其他公理的出发点"④。

---

① Aristotle: *Metaphysica*, 1005ª18–36.
② Op. cit., 1005ᵇ8–25.
③ Op. cit., 1006ª2–5.
④ Op. cit., 1005ᵇ33–34.

亚里士多德提出矛盾律，以之展现实存者之"本体"的确定性。这也从形而上学上确保认识对象的确定性，从而为科学之获致知识提供了根本保证。这矛盾律把"不矛盾性"从存在层面下降而落实在"本体"层面。同时，不矛盾性是确定性的最高规定和表现。就"本体"确定性而言，逻辑规律是形而上学的"公理"。然而，"三规律"即矛盾律、排中律和同一律中，矛盾律是主轴和核心，实际上，它蕴涵着另外两条规律。这就是所谓矛盾律之为"公理的公理"的底蕴。

矛盾律所以是形而上学作为形式逻辑的最高原理，唯在于它是"本体"之作为知识对象即确定的东西之最高确定性原理。认识面对自然界的实存个体，而它所以能被认识的缘故，并且，所要认识者，都正是它那寓于其本体即其现象之原因和本原的确定性。"本体"的最高确定性就认识而言，要从存在者的实存表现出来。所认识到的总是现成实存者，即作为现实存在的自然事物。内蕴本体的个体实存者总是确定存在的东西，唯其如此，才成为认识对象。如果它既实存又不实存，那就毫无确定性可言。一切也就无从谈起。"本体"是实存个体的本质规定性或者说属性的综合。所以，"本体"的确定性还原为这种本质属性的确定性。实存个体的"本体"是确定的，因此，属性就不可能既属于又不属于它。个体实存在于保有本质属性，也才成其为其自身。属性确定地属于实存个体，因而个体也就必定确定地实存。矛盾律所表现的正是存在和本体的这种形而上学确定性图景。

（2）亚里士多德从矛盾律导出排中律。

他这样提出排中律："矛盾可以有对立双方，但不容许中间项。因为，矛盾就是一种对立，它的一方或另一方必为任何事物所载有，也即任何事物都没有居间者。"[①] 排中也就是排除第三者。实存者及其本体是

---

① Aristotle: *Metaphysica*, 1057^{a}34-37.

第一章　总纲领：作为知识对象的实存者是语言的逻辑形式

确定的，其最高确定性无疑在于它要么存在，要么不存在，不可能既存在又不存在；在于一个属性要么属于它，要么不属于它，不可能既属于它又不属于它。这就是矛盾律所表达的。然而，这个最高确定性还决定了或者说表现了这样的实存者及其本体之实况：实存者必定或者存在，或者不存在，以及其本质属性或者属于，或者不属于它，从而排除了第三种可能性：实存者既不存在又不不存在，属性既不属于又不不属于它。显然，这是违反矛盾律的，所以是不可能的。排中律只是矛盾律的推论，只是把矛盾律蕴涵的形而上学实况呈现于明面：实存者及其"本体"对存在和不存在、属于和不属于这两组对立可能性，都总是必取其一项，当然也只取其一项。无疑，这一切都是确定性的题中应有之义。问题是，现在形诸不可移易的逻辑规律。

（3）同一律亦复如此，亚里士多德也从矛盾律导出它。

同一律着眼于实存者及其本体之不变性，从而把确定性落实在"本体"之出于不变性而与自身同一上面。所以亚里士多德说："凡是真确的事物都必定在一切方面都与自身同一。"[①] 这段话被认为是亚里士多德对同一律的隐含提法。显然，同一律同样是对矛盾律的逻辑延伸。矛盾律表明，事物对"存在—不存在"和"属于—不属于"两者都二中择一。现在，事物是真确的，也即取存在和属于。于是事物确定性也就转归为作为本质属性集合的事物"本体"的确定性，此即"本体"不变而自我同一，因为它不能既是自身又不是自身。当然，同一是"本体"之质即本质的同一。亚里士多德指出，本体在量上的变化不影响其作为本质（形式）的同一。他写道："我们坚认这样一点：量上的变化和质上的变化不是同一回事。就算一个事物在量上不是恒定的，我们也还是就其形式认识每个事物。"[②]

---

① Aristotle: *Logica · Analytica Priora*, 47^{a}8-9.
② Aristotle: *Metaphysica*, 1010^{a}22-25.

可感本体的逻辑

如果说"本体"是亚里士多德形而上学的核心范畴，那么，"可感本体"可以说是"核心的核心"。如前所述，亚里士多德的形而上学是批判和发展柏拉图理念论的产物。"可感本体"标志着前者对后者的根本进展。它有两个密切相关的根本表征：个体性和可感性。形式逻辑作为形而上学正是从这两个方面建构它的。

（1）亚里士多德以"第一本体"和"第二本体"范畴及其区分来建构"可感本体"的个体性。

亚里士多德把在先独立实存的个体自然事物作为他的形而上学的出发点。这样，形而上学追寻事物的本原和原因，也就转归为追寻个体实存者的本原和原因。所以，这样找到的"本体"便是实存个体的"本体"。作为实存个体的本体，这本体首先是"个体"。他以范畴论把它树为"第一本体"。"第一"首先意指"原初"，因为个体的本体才是原初意义上的本体。这是由于它作为个体的本体而是实存的，"唯有可感本体实存"[①]，而这是个体自然事物之在先的唯一的实存性所决定的。同时，还由于它才是真正的原因和本原——它是形而上学面对的那实存的个体（确切说来是实存个体的现象）的原因和本原。"第一"乃是相对"第二本体"而言的。"第二本体"是"类"的本体。（确切说来，或者说在亚里士多德那里，"第二本体"指"种"和"属"的本体。）这里的关键是，柏拉图认为，个体作为类的成员乃"分有"类的"本质"，而亚里士多德强调，同类个体因其本体相同而结成类，尽管对于知识来说，个体总是作为类的成员实存。这就是说，"类"本身不是实存的，只是实存个体的集合，说其有"本体"，只是在派生的、次级的意义上说的，这"本体"只是其成员本体所共同者，而其实存显然依附于个体本体

---

① Aristotle: *Metaphysica*, 997ª34.

第一章　总纲领：作为知识对象的实存者是语言的逻辑形式

的实存。

（2）亚里士多德表明，个体实存者采取由其"本体"和"性质"等范畴构成的"主—谓结构"命题形态实存，由此展示了"可感本体"的可感性。

亚里士多德把"范畴"作为形式逻辑的基础。他强调，"十范畴"是"存在"的十种意义："'存在'在一种意义上意指'一个事物是什么'或一个'这事物'，在另一种意义上它意指一种性质或数量或者其他这样的谓项中的一种。虽说'存在'有这一切意义，但显而易见，首要地是'存在'的东西是'什么'，它表示事物的本体。"[①] 个体实存者连同它的本体实存。实存个体及其本体作为"存在的东西（什么）"乃是主项，"性质"等则是它因自己存在本性而拥有的，它们乃作为谓项谓述主项，依存于后者。这样，实存个体的实存便采取其"本体"和"性质"组成"主—谓结构"命题之形态。亚里士多德表明，实存者作为个体及其本体乃包含质料，因他所称的这"质料因"而展示"现象"，而"性质"正是现象的逻辑形态，感觉所面对的实存个体之现象就是谓述它的本体的"性质"。亚里士多德强调，实存个体是"物质宇宙"中的自然事物。实存个体包含的质料也就是其本体所包含的质料。这决定了实存个体是可感的，也决定了其本体具有"可感性"。"可感本体"作为个体实存者的本体和原因，乃是实存个体之可感"现象"的原因。"可感本体"作为个体实存者的本体而有个体性，正是缘于此，它有了质料性，因而是可感的。总之，它的个体性和可感性乃本质相关。

柏拉图的"理念"乃同个体和现象绝缘。亚里士多德以"可感本体"，以其个体性和可感性，形而上学地也即以形式逻辑重建了所要认识的个体实存者：它的本体由它所具有的"性质"谓述，组成"本体—

---

① Aristotle: *Metaphysica*, 1028ᵃ12-15.

现象结构"。显然,说他对柏拉图做了根本性发展,实不为过。

本体作为原因的逻辑

亚里士多德形而上学的核心原理在于表明,知识乃致力于寻找实存个体的原因,而这原因就是"可感本体"。这就是说,"可感本体"的逻辑要落实到本体作为原因的逻辑。亚里士多德的逻辑作为形而上学,首先揭示了,"可感本体"是实存个体的现象之原因。其次,它表明了,从实存个体的"可感本体"到其现象,这中间的关系是必然因果联系。

(1)亚里士多德确立了实存个体的本体作为其现象之原因的逻辑原理。

亚里士多德提出著名的"四因说"。这个学说倾向于自然哲学,因此放在《物理学》中详尽讨论。"四因"指质料因、形式因、动力因和目的因。"四因说"主要着眼于"实存个体"。他在《物理学》(*Physica*)中说明了它们:"在一种意义1上,一个事物由之生成并持存下来的东西叫作'原因',例如雕塑的青铜、碗钵的银以及青铜和银作为其种的属。在另一种意义2上,形式或原型即本质的陈述及其属称为'原因'(例如八度的2∶1关系以及一般的数),定义的各部分也是原因。再者3,变化或归于静止的根源;例如做出告诫的人是个原因,父亲是儿子的原因,一般地,作成被作成者的东西以及引起被改变者变化的东西,也都是原因。再在目的意义4上,也就是做一件事所为何来者,例如,健康是走步的原因。('他为什么在走步?'我们说:'要健康',我们认为,我们这样说了,也就给出了原因。)"[①]

转到形而上学立场,是要寻找实存个体的原因和本原,也即"可感本体",而这是通过批判"四因说",尤其哲学史上的有关观点进行的。他在《形而上学》中就此写道:"显然,我们必须获致关于源始原因的

---

① W. D. Ross ed.: *The Works of Aristotle Translated into English*, vol. 2. *Philosophy of Nature*, London: Oxford University Press, First Edition, 1930, *Physica*, 194^{b}23-34.

第一章　总纲领：作为知识对象的实存者是语言的逻辑形式

知识（因为，对于每个事物，只有当我们认为我们认知它的第一原因时，我们才说，我们认识它）。同时，原因说来有四种意义。以一种意义我们指本体，即本质（因为'为什么'最终还原为定义，终极的'为什么'是原因和本原）；另一种意义指质料或基底；第三种意义指变化的根源；第四种意义指与此对立的原因，即目的和善（因为，这是一切发生和变化的终结）。我们已在关于自然的著作 [指《物理学》——引者] 中充分研讨过这些原因。不过，还是让我们来求助于那些苦心钻研存在、就我们面临的实在做哲学研究的人。因为，他们明白地对某些本原和原因大发议论。所以说，罗列审视他们的观点，将有利于现在的探究，因为，我们将要么发现另一种原因，要么更信服我们现在所力主的那些原因的正确性。"① 他由此找到了实存个体的形而上学原因即"可感本体"，也就是那"另一种原因"。

现在，按照形而上学，亚里士多德可以说重组了这四种原因。他把它们划为两组："质料因"和其他三种因，它们共同导致构成实存个体。"目的因"和"动力因"一并依归于"形式因"即"本质因"，它们决定并结合"质料因"而构成实存个体，同时成为实存个体的原因和本原。

为此，他表明，"目的因"和"动力因"都同一于"本质因"。他以"人"为例指出目的因同一于本质因："人的质料因是什么？我们会说'月经'吗？动力因是什么？我们会说'精液'吗？形式因？他的本质。终极因？他的目的。不过，后两个原因也许是相同的。"② 同样，他举例说明动力因之同一于形式因："既然动力因在自然事物情形里——例如对于人来说是人，在思想产物中是形式或其相反者，所以，在一种意义上将有三种原因，而在一种意义上有四种原因，因为，医术在某种意义上

---

① Aristotle: *Metaphysica*, 983^{a}24–983^{b}6.
② Op. cit., 1044^{a}34–37.

是健康，建筑术是房屋的形式，人生出人。"① 文德尔班很好说明了，本质（形式）因结合着动力因和目的因而成为本原和原因，支配着实存个体之形成："处处都是形式作用于质料，在这种作用中，关于个别事物，亚里士多德区分了两种因素，即质料〔内在的〕被成形的动力，和来自形式本身的合目的运动。"② 实际上，动力因以及目的因都融入形式因之中，共同成为本体即原因和本原。

亚里士多德强调，"质料"不是本体。他说：以为"质料是本体。但这是不可能的。因为，我们认为分离性和'这个性'主要属于本体。所以，形式以及形式与质料的复合，而非质料才被认为是本体"③。从形而上学观点看，这里重要者有三点。首先，结合着动力因和目的因的形式因决定着实存个体及其形成。其次，形式赋予"质料"以分离性和"这个性"，去形成实存个体。形式和质料复合而成了个体。因此，本体乃是所形成之实存个体的本体，是实存个体的原因。本体乃处在实存个体中。最后，本体包含质料，而质料是可感的，因之，本体是可感的，是谓"可感本体"。

（2）亚里士多德揭示，本体作为原因的逻辑在于实存个体的本体和其现象之间的必然因果联系。

亚里士多德表明，知识在于把捉实存个体的本体之作为其现象的原因（他称之为"第一原因"），也即在于认识两者之间的因果联系。他写道："知识是我们探究的对象，人们要把捉到一个事物的'所以然'（即把捉到它的第一原因），才认为他们认识了它。由此可见，我们千万得就正在到来和正在逝去的事物以及一切自然变化做这种工作，以便我们

---

① Aristotle: *Metaphysica*, 1070^{b}31-33.
② 文德尔班：《哲学史教程》上卷，第196页。
③ Aristotle: *Metaphysica*, 1029^{a}27-30.

第一章　总纲领：作为知识对象的实存者是语言的逻辑形式

可以在获知它们的本原之后，尽力诉诸这些本原来处理每个问题。"① "这样做的自然路径是从对我们较为易知和明白的事物出发，进到那些本性上较明白也较易知的东西。"② 前者就是"感觉较熟习的东西"③。这就是说，知识在于把实存个体的感觉现象作为结果去溯因——追溯到作为原因的本体。重要的是，这种因果联系是必然的逻辑联系。亚里士多德指出："在存在的事物中，有些始终处于同样状态，并且出于必然性（不是强制意义上的，而是我们断定事物意义上的必然性，因为它们不可能是别样的）。"④ 这里他是在论到事物之固有属性（包括本质属性和非本质属性即他所称的"特性"）时说的。其实，如前所述，他表明，知识的对象是实存个体的本体及其因本性而具有的属性即固有属性。属性是现象层面的，现象的变化也就是属性的变化。固有属性是本体作为原因之必然结果，而偶然属性则不属于知识范围。

实存个体本体乃与其现象结成必然因果联系，也即其本体和其因本性而拥有的属性结成必然因果联系。所以，固有属性是必然属性。本体作为原因乃据由这必然因果联系而通过论证提供关于如此作为结果引出的必然属性的知识。亚里士多德指出，这里的必然性是"论证"意义上的，即由因及果的。偶性无法从原因推出，所以不是知识的对象。他就此写道："如果我们试着察知偶性实际上怎么样，则就可看出，关于偶性的科学甚至是不可能的。我们说，每个事物要么恒常并出于必然（这必然性不是强制意义上的，其意义是论证中所诉诸的那种）存在，或者极大程度上如此；要么是极大程度上不如此，也并非恒常且出于必然，而只是偶发的。例如伏天可能有凉爽日，但这并不是恒常和必然地发生

---

① Aristotle: *Philosophy of Nature · Physica*, 194^{b}18-23.
② Op. cit., 184^{a}16-18.
③ Op. cit., 189^{a}6.
④ Aristotle: *Metaphysica*, 1026^{b}26-29.

的,也极大程度上不是如此,尽管它有时可能发生。可见,偶性是会出现的,但并非恒常,并非必然,并非极大程度上发生。好了,我们说明了偶性是怎么回事。显而易见,不存在关于这种东西的科学,因为一切科学皆是关于恒常存在的或极大程度上如此的东西的,但偶性哪一类都沾不上。"① 这里用偶性反衬本体和固有属性间的必然因果联系。

本体作为形式的逻辑

这里首先要强调指出,"形式"对于亚里士多德的形而上学具有根本性的重要意义。如上所述,这形而上学作为知识论是在"辩护脉络"中展开的。它围绕建构现成存在者展开。同时,这工作又着眼于"作为存在的存在""作为本体的本体",也即"存在"本身、"本体"本身。这就决定了,把它们都是作为超越的"形式"去把握的。总之,一切都着眼于"形式"。无疑,这决定了作为形而上学的亚里士多德逻辑是形式逻辑。其实,同在"辩护脉络"中展开的认识论,更不用说方法论,也都是致力于"形式"。现象学在"发现脉络"中展开,则声称自己作为知识论是围绕对象的"实质"展开的,它正同"形式"相对待。

(1)亚里士多德把本体之作为"本质"确立为"形式"。

柏拉图那里理念是"形式",亚里士多德接过"形式"。但是,两者有根本不同。在前者,"形式"独立自存。在后者那里,"形式"被认同于作为"可感本体"之一个向度(他称之为"标识")的"本质"(事物之"所是者"),本身并不实在。显然,如果说"形式"可做广义或狭义之分,广义者如泛泛而论者,那么,现在,认同于"本质"的"形式"不妨说是狭义的即专门意义的。实际上,他常把"本质"和"形式"同义使用。

---

① Aristotle: *Metaphysica*, 1064^{b}30-1065^{a}6.

第一章 总纲领：作为知识对象的实存者是语言的逻辑形式

首先，他表明，"形式"不是实存的。他强调，自然界中产生的即实存的是一个个可感的个体，并不产生作为普遍或一般的"形式"，后者只是作为"本体"处于实存个体之中。他就此写道："显然，形式或者我们随意当可称之为可感事物所呈现的形状，不是产生的，也根本无所谓产生它，也没有产生出来的本质。因为，这是由人工、自然或某种本领弄到别的东西之中的。不是说有一个黄铜球，而是我们制造了这球。因为，我们用黄铜和球形制造它。我们给这特定质料引入这形式，结果是一个黄铜球。不过，如果说作为一般的球之本质是被产生的，那么，岂不是说某种东西必定从某种东西产生。因为，这产物将必须总是可以分割的，并且，一部分必定是这，另一部分则必定是那。我是说，这一部分必定是质料，另一部分必定是形式。因此，如果说一个球是'其圆周上所有点到圆心距离皆相等的形体'，那么，这东西部分将是用以做成它的媒质，部分将处于该媒质之中，而这整体将是所产生的东西，它对应于黄铜球。因此，由这番说明可以看出，说成是形式或本体的那个不是产生出来的，而由此获得其名字的那个具体事物则是产生的。还可看出，质料存在于所生成的一切东西之中，这东西的一部分是质料，另一部分是形式。"①

其次，他表明，"形式"作为"本质"决定着所生成的东西。他说："既然我们必须把事物的实存当作给定的东西接受，那么，显然就产生这样的问题：为什么这质料是某个确定事物，例如为什么这些材料是一所房屋？因为作为一所房屋之本质的东西存有着。再者，为什么这是个体事物，或者，具有这形式的身体是个人？因此，我们探寻的是原因，也即形式，由于它，这质料才成为某个确定的东西；并且，这就是这事物的本体。"② "本质是什么？本质是形式。"这样，"本质"就建构成了

---

① Aristotle: *Metaphysica*, 1033^{b}5-19.
② Aristotle: *Metaphysica*, 1041^{b}3-9.

"形式"。值得指出,现象学出现之后,形而上学把捉的"本质"被称为"形式本质",这正申明亚里士多德所揭示的"本质即形式"。

(2)亚里士多德把形而上学确立为关于"形式"的逻辑。

亚里士多德表明,本体从两方面进行超越。一方面,在实存个体内,"可感本体"内在地超越个体的质料和现象层面;另一方面,它外在地超越个体,为同类的其他个体(个体因本体相同而结成类,并且总是也只是作为"类"的成员实存)所共同(不是共有)。这决定了"本体"是"形式"。形而上学作为"本体"的逻辑就是围绕这"形式"展开的。无疑,"形式逻辑"之"形式",其本义正在于此。

逻辑作为形而上学可以说从"形式"之高的层面展开。形而上学乃关于"存在作为存在""本体作为本体",也即"存在"和"本体"本身的"形式"。

亚里士多德确立关于"形式"的逻辑,首先在于确立"逻辑形式":范畴/概念、命题和推理/论证。(应当指出,这些"形式"原本是"本体"的"形式"。后来如上所述,随着亚里士多德逻辑纳入所谓"普通逻辑"的轨道独立发展,它们遂成了所谓"思维的形式"。)

亚里士多德首先以"范畴"作为最高概念"形式",为形而上学之作为形式逻辑奠基。他说:"非复合的表达式标示本体、数量、性质、关系、地点、时间、姿态、状况、活动或承受。"① 它们表示"存在"本身的十种意义,因而就是最高概念即"范畴"(康德的认识论称之为纯粹知性概念)。总之,范畴是"本体作为本体"即"本体"本身的逻辑形式。显然,"实存个体本身"作为形而上学对象,其本体即形式是范畴,而具体实存个体作为科学对象,其本体即形式是概念。

概念是"类"的逻辑形式。概念以定义为逻辑"表式"。定义作为

---

① Aristotle: *Logica · Categoriae*, $1^b 25-27$.

第一章 总纲领：作为知识对象的实存者是语言的逻辑形式

"表式"是"属加种差"，"种"是外延最小的类。个体经由所属的"种"间接得到定义。亚里士多德就此写道："任何'理念'都不可能加以定义。因为，'理念'如其倡导者所说，是个体，能单独存在。表式必须由语词组成：下定义的人切勿发明一个词（因为它将是未知的），而既有的语词是一个类的全部成员所共同的；因此，这些语词必定适用于所定义的事物以外的某事物。"① 形而上学是关于现成知识的，所以定义所由组成的语词必定是既有的。

实存个体及其本体是知识所向的对象和目标，自然是主项（主词、主体），它由"类"和"性质"作为谓项来谓述。这就是说，个体实存之逻辑形式是"命题"。亚里士多德以范畴论揭示，主项首先是"第一本体"，它是个体。同时，主项也可以是"第二本体"。"第二本体"即作为类的种或属谓述个体时，命题便呈示某个体属于某类。其他九范畴谓述它时，所构成的命题呈示它具有某固有属性。种或属做主项时，若谓项为定义，所成之命题呈示事物类的本质，即本体，若为九范畴，则呈示其本质属性或者"特性"。

亚里士多德表明，命题这种逻辑形式乃运用作为范畴的谓项来表达事物（主项）的本质或者属性。他说："我们必须区分开谓项的种类（它们有四大类）。这些范畴总数共十个……因为，任何事物的偶性、属、属性和定义［此即他提出的'四大类'谓项——引者］将总是落在这些范畴之一中。这是由于一切命题皆借由它们去标示某物的本质、它的性质或数量或者某个其他型式谓项。"② 这些将在下一章里详细研讨。

实存个体之现象以其"第一本体"即"可感本体"作为原因，其间存有必然因果联系。这是现象的命题和本体的命题两者之间的逻辑联系，其形式便是"推理"。亚里士多德说："推理是一种证明，在其中，

---

① Aristotle: *Metaphysica*, 1040^{a}8—13.
② Aristotle: *Logica · Topica*, 103^{b}20—28.

定下某些事物，通过它们必然地发生它们以外的某个事物。当推理所由出发的各前提是真实的和第一性的时，它就是一个'论证'。"① 总之，实存者作为个体，作为类的成员，作为现象，其本体作为本质，作为形式皆呈现为诸多命题，而它们间的实存关系便呈"推理"这种逻辑形式。亚里士多德强调，"推理"在这里确切说是"论证"，因为其前提是本体，而它是真确的和第一性的。

（3）亚里士多德把这种关于"形式"的逻辑本身也搞成"形式的"。

关于亚里士多德逻辑的形式性，卢卡西维茨做了精当的说明："按照追随亚里士多德的逍遥学派学者们的意见，属于逻辑的仅仅是变项中陈述的三段论规则，而不是它们在具体词项中的应用。具体的词项，亦即变项的值，叫作三段论的材料（ΰλη）。如果你把全部具体的词项移去，而代之以字母，那么，你就移去了三段论的材料，而所留下的就叫作它的形式。让我们看这个形式包含一些什么成分。属于三段论的形式的，除了变项的数目与配置外，还有所谓'逻辑常项'。有两个逻辑常项，即连接词'并且'与'如果'，是辅助性表达词……剩下还有四个常项，即'属于所有的''属于无一的''属于有些''不属于有些'。它们是亚里士多德逻辑的特征。这些常项代表着普遍词项之间的各种关系。中世纪逻辑学家相应地用 A、E、I、O 来表示它们。全部亚里士多德的三段论理论，是借助连接词'并且'与'如果'，在这四个表达词的基础上构成的。因此，我们可以说：亚里士多德的逻辑是一种在普遍词项领域内关于 A、E、I、O 关系的理论。"② 这具体描绘了亚里士多德逻辑之为"形式"的图景。前面提到，亚里士多德逻辑应用了符号，这就更是走上了形式化的道路。

---

① Aristotle: *Logica · Topica*, 100ᵃ25-30.
② 卢卡西维茨：《亚里士多德的三段论》，第 23—24 页。

实际上，亚里士多德逻辑之为"形式的"，一方面是关于"形式"的，另一方面自身是"形式的"，而两者合而为一。既然这逻辑是对"本体"之作为"形式"的把捉和表达，那么，它自身当然必定是形式的。同时，这种逻辑自身的形式性又是形而上学对"本体"之作为"形式"的把捉和表达之固化和强化。

值得强调，"本体"作为"形式"，其重心在于"命题"，"本体"乃以"命题"为实存形态，而"概念"是"命题"的构份，"推理"则表达"命题"间的逻辑关系。并非偶然，逻辑自身的"形式"亦以"命题"为枢纽。

四 实存者及其本体的逻辑是语言的逻辑

亚里士多德的实存者及其本体作为逻辑的东西是在语言层面展开的。这就是说，实存者及其本体的逻辑即形式逻辑是语言的逻辑。值得指出，如前面已提到过的，只是后来，形式逻辑脱离了形而上学的哲学轨道，转入康德所谓的"普通逻辑"轨道发展。后者成为主要是思维训练的学科，处置思维的纯粹形式。通常对形式逻辑做思维理解，其缘由端在于此。这遮掩了形式逻辑之原初的形而上学本性，尤其让人遗忘了形式逻辑的语言质地。这是需要正本清源的。

存在论的语言转向

由以上所述可知，古希腊哲学的存在论大致经历了巴门尼德开创、柏拉图奠基、亚里士多德完成的历史进程。在巴门尼德和柏拉图那里，作为存在论的形而上学可以说基本上是在心智（心灵）的层面展开的，及至亚里士多德，它发生了"语言转向"，"本体"逻辑的建构遂在语言层面进行。

（1）柏拉图本诸巴门尼德的"思维存在同一"说，把"存在"建构为作为精神东西的"理念"。

亚里士多德在《形而上学》中表明，柏拉图的"理念"作为一般或普遍的东西，乃是"类"概念。巴门尼德指出，思维总是对"存在"的思维，总是不离开"存在"，而"存在"正是思维的产物。总之，"存在"是在心智层面建构的。柏拉图同样如此。"柏拉图认为，思想包含着对外在于思想者的存在物的意识，正是在这种意识中，这些存在物提供了思想的内容。因为，首先，当我思考三角形性时，我是在思考某种东西，我的思想具有内容。"① 柏拉图在《巴门尼德篇》(*Parmenides*) 中说，所以，如果"否认事物的型相（Form），不辨认出每件事物的某种单一型相，那么他的思想就无处落脚，因为他不承认每个事物总是具有永远同一的理念（Idea），他将彻底取消进行论辩的可能性（135b-c）"②。

那么，柏拉图那里，"理念"是什么性质的东西呢？"形式"和"理念"是什么关系呢？文德尔班指出："如果，与意见相对立的这种知识是有关真正实际存在着的东西的知识，那么属于这些概念内容的还一定有一种更高的存在，一种真正的本质的现实；据认为，这种现实与感觉相对立，只有通过思维才能掌握。这种真正现实的'形式'，是种或类概念，关于这些'形式'的知识便构成德行。于是，柏拉图的'理念'概念开始获得了自己完整的规定。"③ "这样，柏拉图的体系就成了非物质主义；或者按照他赋予'理念'这词的含义，我们叫它理念主义（唯心主义）。"④

---

① 泰勒：《从开端到柏拉图》，第410页。
② 转引自同上书，第409—410页。
③ 文德尔班：《哲学史教程》上卷，第150—151页。
④ 同上书，第151页。

第一章　总纲领：作为知识对象的实存者是语言的逻辑形式

现在可以明白，柏拉图在心智层面建构"存在"，出之以作为观念即概念的"理念"，它是"种"即"类"概念，也即作为"存在"之本质的"形式"。这就是说，"形式"是"理念"的"形式"。显然，后来康德所揭示的，主体之以知性向知识贡献"形式"，在某种意义上正是对柏拉图的这一存在论主张的认识论转换。显然，两者都把"形式"置于心智层面。

（2）亚里士多德把实存者及其"本体"作为逻辑东西即"形式"的建构转移到语言层面。

亚里士多德把巴门尼德开创、柏拉图奠基的存在论研究大力推进，以其形而上学把"存在"转归为实存者的"本体"，进而建构为逻辑的东西，这样，形而上学也就是他所创立的形式逻辑（实际上，成就形而上学和创立形式逻辑是同一回事）。最终，他在语言层面上牢固确立"本体"逻辑——语言的形式逻辑。应当强调，这里的顺序绝不是时间上的，充其量是学理上的。实际上，这些只是构成同一"本体"学说的过程之不同方面和层面，它们实为有机整体的各别构份。

亚里士多德的《形而上学》和《逻辑学》，说它们所阐明的学说以语言为质地，并不为过。它们到处洋溢着语言分析的精神，不时散发关于语言的哲学思想。这在上面第一节里已做过些研讨。

这里要进一步表明，亚里士多德就已揭示了现代西方语言哲学所张扬的语言之三向度：形式、意义和应用。也即语形、语义和语用。他从形而上学出发而强调，语言的意义在于符号化，在于约定。

首先，语言的意义在于符号化。他说："口说的语词是心理经验的符号，书写的语词是口说语词的符号。正如人人没有相同的书写，人人也没有相同的言语声音，但是这些东西直接对之符号化的心理经验对于所有人都是相同的，如同以我们的经验为意象的那些事物，它们也是如此。"① 这就是说，文字之所以有意义，乃缘于它有作为符号的象征功能。所以，他还说："没有什么东西天生就是一个名词或者名字——它只是在成为一个符号后才如此。"② 语言因为是符号，所以才有意义，也才能成为"本体"的形体。这里，亚里士多德把意义从心智层面（作为心理经验）转移到语言层面，同时，对语义做了语形分析，即从文字作为符号的方面把捉语义。

其次，语言的意义在于"约定"。亚里士多德写道："我说一个名词，是指因约定而有意涵的一个声音。"③ 约定当然是由人群做出的。这样，他给语义引入了语用的考虑。无疑，他甚至把语用奉为语义的主导因素，尽管他的形而上学是形式逻辑。尤其是，他揭示，语言作为符号，本身实际上就是一种约定。所以，他说："'凭约定'这个限制所以要引入，乃因为，没有什么东西天生就是一个名词或者名字——它只是在成为一个符号后才如此。例如兽类发出的那种口齿不清的声音，它们虽有意涵，但没有一个构成名词。"④ 原来，符号本身就有约定的本性。语义的"约定性"有着深刻的形而上学和语言哲学底蕴。词项（范畴和概念的表达式）和语句（命题的表达式）的意义的约定性表明，它们一方面是实存者及其本体的客观表现形态，另一方面本身作为认识者的建构产物又是他们的主观贡献，但即便后者，缘于约定，也还有着主体际的客观性。就语言哲学而言，亚里士多德首创探究"语言意义的意义"，而这个问题是现代西方语言哲学的核心问题。他的"语义约定论"首创了"积极的语言观"，力主词项不是简单地对"本体"直接命名而已，揭示了罗素后来所说的语言之"不透明性"。对于语言哲学之从无到有，

---

① Aristotle: *Logica · De Interpretatione*, 16ᵃ4-7.
② Op. cit., 16ᵃ27-28.
③ Op. cit., 16ᵃ19.
④ Op. cit., 16ᵃ26-29.

这个思想的重要意义，怎么强调都不为过。

亚里士多德不特以语言转向完成古希腊形而上学，也为后世西方语言哲学的兴起和发展奠定了基础。概括地说，现代西方语言哲学在"世界—语言—心智/人"以及"语形—语义—语用"这双重三元构架中展开，而如上所述这一切在亚里士多德那里已初具胚芽。

实存者及其本体作为语言的逻辑形式

形而上学作为形式逻辑转到语言层面运行和展开，由此观照，实存者"本体"以其"形式"，既是逻辑的东西，又是语言的东西，合体之下，便是语言的逻辑形式。实际上，亚里士多德正是既对逻辑做语言分析，又对语言做逻辑分析，从而达致"本体"是语言的逻辑形式这条重要形而上学原理。当然，这两种哲学分析只是同一件事的两个方面而已。

（1）亚里士多德表明，"范畴"作为实存者及其本体的逻辑形式，其语言形态是意义由定义规定的"词项"。

他通过分析词项的名字和意义而揭示了，在范畴层面上，实存者及其本体作为语言的逻辑形式，乃是明确定义的词项。他写道："当事物尽管有一个共同的名字，但与这名字相应的定义却对于每个事物都是不同的时候，它们就被说成是'岐义地'命名的。例如，一个实在的人和一幅画中的一个人物都可以声索名字'动物'；这些事物如此被岐义地命名，因为，尽管它们有个共同的名字，但与这名字相应的定义对于各个事情都是不同的。因为，如果有人界定各个事物在什么意义上是个动物，那么，他的定义在这一情形里将仅仅适用于该情形。另一方面，当事物兼具共同的名字和相应于这名字的定义时，它们就被说成是'单义地'命名的。一个人和一头牛都是'动物'，它们若此被单义地命名，因为，不仅名字，而且定义现在在这两种情形里都是相同的：如果一个人陈明各个事物在什么意义上是个动物，那么，这陈述在这一情形里将与另一情形里的相同。"①

　　显然，亚里士多德首先表明，"范畴"的语言形式是名字（名词），但作为实存者本体（形式），这还不够，也就是其次还表明，它的意义必须由定义加以单义地确定，这样才取得"词项"这形式。于是它不仅是语言的，而且还是逻辑的。总之，"词项"才是"范畴"层面上实存者本体之语言逻辑形式。

　　亚里士多德自己就是这样确立范畴之作为"词项"也即语言逻辑形式的。例如，他这样说到"本体"这个范畴："本体，就这词的最真确的、原初的和最确定的意义而言，乃是既不能谓述一个主项，也不依存于一个主项的东西，例如，个体的人或马。但在次级意义上，那些如种那样把第一本体包括在内的事物被称为本体；如属那样包括种的那些事物也称为本体。例如，个体的人被包括在种'人'之中，种所属的属是'动物'；因此，这些东西——也就是说，种'人'和属'动物'——被称为第二本体。"② 这里生动地演示了，亚里士多德如何按照上述他所制定的形而上学路线即运用语言的形式逻辑来建构"范畴"。"本体"作为"形式"，乃以"语词"为语言形体，而其意义以确定性为依归，也即逻辑地规定——由定义决定。这里的"定义"，乃由"谓述"和"类与个体的逻辑关系"（"依存"）这两项逻辑形式规定构成。"本体"作为"语词"，其意义如此地定义之后，便转归为其逻辑形式——"词项"。

　　显然，这段引文涉及他关于"第一本体"和"第二本体"的重要思想。下一章将会就此做详确研讨。

　　（2）亚里士多德表明，"命题"作为实存者及其本体的逻辑形式，其语言形态是具有真假属性的"陈述句"。

---

① Aristotle: *Logica · Categoriae*, 7^a1–11.
② Op. cit., 2^a12–19.

第一章　总纲领：作为知识对象的实存者是语言的逻辑形式

亚里士多德首先表明句子和其构份即语词在意义上的差别和联系。他写道："一个语句是言语之一个有意涵的部分，它的某些构份作为一种言表，具有独立的意义，尽管不是作为对任何肯定判断的表达。让我来解释一下。语词'人'有意义，但并不构成命题，无论肯定的还是否定的。只有当添加上其他语词之后，这整体才会构成一个肯定或否定命题。不过，如果我们把语词'人'的一个音节同另一个音节分离开来，那么，它就没有意义。同样，语词'鼠'（mouse）的构份'-ouse'本身并没有意义，而只是语音。其实，在合成的语词中，各个构份对整体的意义都有所贡献，但如已指出过的那样，它们没有独立的意义。"① 语词不是"命题"，句子才会是。

然而，只有"陈述句"才是"命题"，它有真假。亚里士多德说："每一个语句都有意义，这不是缘于它是借以实现一种身体官能的手段，而是如我们已说过的，乃由约定所使然。然而，不是每一个语句都是命题。只有那些本身有真性或假性的语句才是命题。例如，祈使句是语句，但既不真，也不假。因此，让我们撇开除命题而外的所有其他类型语句。因为，这前者关乎我们当下的探究，而其他类型语句的研究则属于修辞学或诗学的学问。"② 总之，"命题"作为实存者及本体的逻辑形式，其语言形态当取陈述句。

亚里士多德还对作为"命题"的语句做了形态分析。他表明，作为"命题"的语句必须包含动词，尤其应当有时态。显然，这是因为主语加谓语动词（包括系词）才构成语句，同时，陈述句的谓语动词总是时态动词。他区分了简单语句和复合语句。他就此写道："每个语句都必须包含一个动词，或一个动词的时态。对种'人'下定义的短语若没有

---

① Aristotle: *Logica · De Interpretatione*, 16^{b}27-36.
② Op. cit., 17^{a}1-7.

添加上现在、过去或将来时的动词，则就不是命题。"① "命题中有一类是简单的，即它就某事物肯定或否定某事物，另一类为复合命题，它由简单命题复合而成。一个简单命题是个有意义的陈述句，关涉某事物在一个主项中存在或不存在，时态上划分为现在、过去和将来。"②

他还特别强调语词和语句的不同："让我们同意把一个名词或动词只称为一个表达式，而不称为一个命题，因为一个人不可能在表达某事物时若此便以做陈述的方式言说，无论他的言表是对一个问题的一个回答还是他自己发起的一个行动。"③ 总之，"陈述句"才是"命题"之作为逻辑形式的语言形态。

（3）亚里士多德表明，"推理"作为实存个体之"可感本体"和其现象间的必然因果联系，乃是"命题"即语句间的形式的逻辑联系。

"本体"在亚里士多德那里就其本来意义而言，乃是实存个体之"可感本体"，而"可感本体"正是个体之现象的原因和本原。这里的因果联系就现象作为实存个体的固有属性而言是必然的逻辑联系——命题间的"推理"。从语言层面来说，"推理"就是结成必然逻辑联系的陈述句链条。

亚里士多德指出，"推理"及其语言表达——具有逻辑必然联系的语句集，作为从"本体"对实存者的形而上学建构，在于把"本体"确立为"推理"的出发点，把作为原因的"本体"逻辑地出之以"推理"的前提。这就是说，关于"本体"的命题及其语言形态即陈述句成为"推理"的初始语句。他说，"在三段论中，本体是一切的出发点。三段论是从'一个事物是什么'出发的"④。他还强调，寻求进行推理，也就是

---

① Aristotle: *Logica · De Interpretatione*, 17ᵃ10-12.
② Op. cit., 17ᵃ20-24.
③ Op. cit., 17ᵃ17-19.
④ Aristotle: *Metaphysica*, 1034ᵃ30-31.

第一章　总纲领：作为知识对象的实存者是语言的逻辑形式

在寻求本体，因为推理乃以本体为前提。总之，如上所述，他表明，推理其实是论证。

亚里士多德表明，这种三段论包括三个词项（即两个端项加一个中项），倚重中项进行。他强调，它是一切推理和论证的"元素"，因此他称之为"原初三段论"。有一个著名例子："苏格拉底是人，所有人都是有死的，所以，苏格拉底是有死的。"苏格拉底这个实存个体，其本体为"人"，由之出发，推出它的现象"有死"之原因即他是"人"。"人"是中项，"苏格拉底"和"有死"为端项。这种三段论包含的三个"命题"都是主—谓结构的，称为"范畴命题"（相应地这种三段论称为"范畴三段论"）①，因为做主项和谓项的，都是"范畴"。"推理"的形而上学本性正缘于此。并且也正是因为这个缘故，"原初三段论"对于其余一切"推理"和"论证"有着作为"元素"的特殊重要地位。"原初三段论"这个说法包含着强调"推理"之形而上学本性的深意：实存个体之本体同其现象间的必然逻辑联系乃是一切"推理"和"论证"的元素。

逻辑形式出诸语言而符号化

亚里士多德是在形式逻辑作为形而上学的脉络中讨论语言的符号化问题的。语词首先乃作为指号标记范畴，或者说作为"范畴"即逻辑形式的形体。然而，语词更重要地在于作为符号而起象征作用，也即具有作为"范畴"的意义，说到底具有作为实存个体之"本体"的意义。这种符号的或者说符号化的语言观对于亚里士多德的逻辑哲学有着无比重要的意义。

（1）亚里士多德表明，实存者及其本体采取语言形态，在于语言作为符号以其象征功能而积淀它们作为逻辑形式的确定意义。

---

① "范畴命题"和"范畴三段论"常译为"直言命题"和"直言三段论"，显然，这样译有掩盖形式逻辑的形而上学本性之虞。

语言有广阔的功能和机理，但就作为形而上学的形式逻辑而言，也即在建构知识对象即实存者及其本体的与境中，语言在于作为符号以其象征功能来表达确定的意义。所谓"符号化"，根本上说，就是指意义由作为符号的语言予以表达。这里说的"逻辑形式出诸语言而符号化"，也正是这个意思：实存者及其本体作为逻辑形式以语言为表达形态，遂成为符号及其意义。维特根斯坦讨论了"指号"（"记号"）和"符号"就意义而言的不同。他写道："我们用同样的记号决不能指出两个客体的共同特征，而只能用两种不同的标记方法才能指出。因为记号是任意的。因此我们也可以选择两个不同的记号，那时标记的共同性又何在呢？"[1]"在日常语言中，常有同一个词用完全不同的方法来标记——因此属于两个不同的符号——或者用不同的方法来标记的两个词在命题中看来是以同样的方式来应用的。比如'是'这个词作为联系词，作为等号，作为存在的表现而出现；'存在'这个词作为不及物动词而出现，象'去'这词一样。"[2] 总之，"要认识记号中的符号，我们应当考虑到有意义的用法"[3]。自然语言日常用法中，语词作为指号，其意义是模糊的。"命题"中运用的符号之意义则是确定的。从指号到符号，所谓"有意义的用法"这个过渡，就在于把捉住那意义确定的东西，它才成为实存者及其本体的形体。

　　（2）亚里士多德首创用尽管是初等的符号系统建构形式逻辑，揭示了人工语言的形而上学意义。

　　既然语词作为符号才能成为实存者及其本体的形体，那么，以运用符号的人工语言打造从"范畴""命题"到"推理"的整个形式逻辑，便是顺理成章的事。（当然，这种人工语言很大程度上借重自然语言，因

---

[1] 维特根斯坦：《逻辑哲学论》，3.322。
[2] 同上书，3.323。
[3] 同上书，3.326。

第一章　总纲领：作为知识对象的实存者是语言的逻辑形式

而还是"初等的",这在《分析前篇》和《分析后篇》中随处可见。)无疑,这昭示了符号的形而上学本性。维特根斯坦就分析了符号的这种意义。他说,"名字表示客体。客体是它的意义"①,"真正的名字是标记客体的一切符号所共同的东西"②。这共同的东西就是本质。"一般地说符号中的本质的东西,是那些能够实现同样目标的一切符号共同具有的东西。"③ 就"命题"而言,"用符号标记的东西,是那些按照逻辑句法规划能用以代替它的一切符号共同的东西"④。"命题中的本质的东西,是那些能够表现同样意思的一切命题共同的东西。"⑤ "命题的总和就是语言。"⑥ 若科学理论完全符号化,则"命题"就是公式,全部公式构成一个理论即一个"语言"(系统),公式按照推理规则(变形规则)构成语言。

无疑,亚里士多德从符号层面揭示了自然语言及其日常应用所掩盖的语言之"逻辑形式",同时也就揭示了符号即人工语言的形而上学本性:以纯粹形态呈现语言的"逻辑形式"。

还应当强调符号之于"形式"的重要意义。揭示符号的形而上学本性,是亚里士多德得以建构作为形而上学的形式逻辑之必要又关键的一步。形而上学研究"作为存在的存在"——"存在"本身,也即超越一切经验客体。如前所述,他引入符号标示词项,从而直击"词项本身",也即实存个体的"本体"之本身,超越经验个体。这就是说,符号作为变项可以代入任何经验客体,而这正意味着,符号所把捉的"本体"乃直击"形式",脱离了单纯"质料"。前面已表明,"形式"可说是"本体"的最大或最高表征,"符号"正是对这条形而上学原理的安排和落

---

① 维特根斯坦:《逻辑哲学论》,3.203。
② 同上书,3.3411。
③ 同上书,3.341。
④ 同上书,3.344。
⑤ 同上书,3.341。
⑥ 同上书,4.001。

实。同时，形而上学中"本体"也以"形式"为表征，同形式逻辑之为"形式的"是一回事，是一个硬币的两个面。

值得注意，逻辑史家往往囿于纯逻辑（确切地说，康德所说的"普通逻辑"）层面看待亚里士多德的这一贡献，没有把捉住其深层的形而上学底蕴，尤其未深究亚里士多德形式逻辑的形而上学本性。卢卡西维茨就是这样认识亚里士多德之引入符号作为"变项"的意义："把变项引入逻辑是亚里士多德的最伟大的发明之一。就我所知，一直到现在① 没有一个哲学家或语言学家注意到这个最重要的事实。这几乎是令人难以置信的。我敢于说，他们必定全都是坏的数学家，因为每一个数学家都知道变元引入算术在这门科学中开始了一个新的时代。似乎亚里士多德把他的发明看作是完全明白而不需要任何解释的，因为在他的逻辑著作中，任何地方也没有提及变项的问题。亚历山大（Alexandros Aphrodisieus，盛年二世纪末三世纪初）第一个明显地谈到亚里士多德用字母来表达他的理论，以便表明我们获得结论不是由于前提的内容的缘故而是由于前提的形式及其组合的缘故；字母是普遍性的标志，并且表明这样的结论总会得出，对于我们所选取的任何词项都如此。"② 卢卡西维茨还对本段引文第二句做了这样的补述："我很高兴地知道大卫·罗斯（W. D. Ross）爵士在他的《分析篇》版本第29页强调说：亚里士多德因使用变项而成了形式逻辑的创始人。"③ 显然，卢卡西维茨只把目光盯住形式逻辑表面，没有洞见其形而上学质地。

总之，符号化是形式逻辑出于形而上学本性而内在地提出的要求，对于作为形而上学的形式逻辑之产生具有至关重要的意义。

（3）亚里士多德从分析自然语言日常用法即语法出发，突进到符

---

① 卢卡西维茨的《亚里士多德的三段论》初版于1951年。
② 卢卡西维茨：《亚里士多德的三段论》，第16—17页。
③ 同上书，第16页脚注②。

第一章　总纲领：作为知识对象的实存者是语言的逻辑形式

号层面的"逻辑形式",揭示了逻辑语形决定意义性这条指号学基本原理。

　　他例释了这条重要的语言哲学原理。这里录引如下："'非人'这个表达式不是一个名词。其实,没有公认的词项可让我们用来标示这样一个表达式,因为它不是一个语句,也不是一个否定句。那么,就叫它不定名词吧。'菲罗的''给菲罗'这类表达式并不构成名词,而构成名词的格。名词的这些格的定义在其他方面来说是和名词本身的定义相同的,但当它们同'现在是''曾经是'或'将来是'相连时,照它们现在这样并不构成一个或真或假的命题,名词本身在这些条件下却总是如此成事。试取语词'菲罗的是'或者'菲罗的不是'。这些语词现在这样并不构成或真或假的命题。一个动词除了其本身意义外,还带有时间概念。动词没有一个部分拥有什么独立意义,它是说到别一事物的某个事物的指号。我将说明,我说的'它带有时间概念'是什么意思。'健康'是名词,但'现在是健康的'是动词。因为,它在其本身意义之外还指明所说的状态是现在存在的。再者,一个动词始终是说到别一事物的某个事物的指号,也即是能谓述或者依存于某个其他事物的某个事物的指号。如'现在是不健康的''现在是没有病的'这类表达式,我不说它们是动词。因为,尽管它带有附加的时间意味,并且始终构成谓词,但这变种并没有特定的名称。不过,我们可以叫它们不定动词,因为它们完全可以同等地运用于存在的和不存在的东西。同样,'他曾经是健康的''他将来是健康的'也不是动词,而是动词的时态。差异在于这样的事实:动词指示现在时,而动词的时态指示现在时以外的那些时间。自在的和独自的动词是实词而有意谓,因为,使用这类表达式的人镇住了听者的心意,让他专注。不过,它们像现在这样并不表达任何或肯定或否定的判断。因为,除非添加上东西,否则'是'和'不是'以及分词'是'都不意谓什么事实。因为,它们本身并不指示什么,只是蕴涵一种联结，而离开了被联结的东西，我们对这种联结形不成什么概念。"①这里亚里士多德表明，自然语言表达式作为指号乃同表层的语法形式相匹配，我们必须超越它，才能把捉住作为表达式的符号所构成的"逻辑形式"，同时，表达式正是缘于"逻辑形式"才具有意义。尤其是，他指出，语句构成及其所由组成的词项的逻辑形式决定了语句之为或真或假的命题，也就是说，语形决定了意义性。

---

① Aristotle: *Logica · De Interpretatione*, 16^a30-16^b25.

第二章　形式逻辑作为形而上学：实存者的哲学建构

亚里士多德的形而上学从追问实存者即现成存在者的存在出发。映入他眼帘的是个体实存者的世界。因此，他乃向"实存个体的存在"发出形而上学之问。

出于为知识建构对象的初衷，他的形而上学首先揭示，实存个体作为知识的对象，其存在是必然的、现实的存在。他说："说事物'存在'，1. 是在偶然的意义上，2. 是出于它们自己的本性。"① "在偶然意义上，例如我们说，'这正直的实干家是爱好音乐的'，以及'这人是爱好音乐的''这音乐家是个男人'，正如我们说'这音乐家从事营造'，因为营造师碰巧是爱好音乐的，或这音乐家碰巧是营造者。"② 关于必然存在，他说："种种本质存在正是诸型式谓述所标示的那几种。"③ "十范畴"就是实存个体的十种必然存在（他也称之为"存在"的十种意义）。关于存在的现实性，他说："质料以潜在状态实存，恰是因为它可能最终成就其形式；当它现实地实存时，那么它便处于其形式中。这对一切情形都成立不爽。"④ "因此，本体或形式是现实性。于是，按照这个论点，显

---

① Aristotle: *Metaphysica*, 1017^{a}7–8.
② Op. cit., 1017^{a}9–11.
③ Op. cit., 1017^{a}22–23.
④ Op. cit., 1050^{a}15–17.

而易见，现实性在实体存在上先于潜在性。"①

柏拉图无疑也面对过实存个体，然而他抓住了"理念"作为"必然性"，却抛弃了其存在的"现实性"。理念论认为，理念才独立实存，而实存个体只是可能的"摹本"，因而他抓的是理念的必然性和个体的潜在性。亚里士多德把必然性留给了实存个体之"可感本体"，把现实性给予实存个体本身，从而使它的存在兼具必然性和现实性。无疑，这一本他的形而上学在"辩护脉络"中展开，为知识对象之作为现成实存者做哲学建构这个初衷。

重要的是，他以范畴论建构实存个体之存在的这两个根本特性。这里的核心是"存在"所转归而成的"本体"这个范畴。

他表明，"我们所称的'本体'"包括四类。② 首先是"简单物体"，如土、火、水之类，也包括动物，即自然事物类或自然类。其次，这类事物的个体及其部分。第三，存在于前两者之中作为原因的东西。最后是作为定义的"本质"。他还表明，"本体"有两重意义。③ 一是"终极基底"也即绝对实存；二是个体性以及作为个体的"形式"。这就是说，"本体"在他那里有广狭两义。广义"本体"兼指实存者及其"本体"，"实存者"又兼指个体和类。无疑，实存个体作为绝对实存者，有着最大现实性。狭义"本体"则指作为实存个体的原因和本原，以及本质。这是实存个体的存在之必然性所系，因为它作为个体的"本质"即"形式"，使之必然地存在（实存）。他强调，实存个体作为"本体"只做主项，不谓述他者，从而从语言层面强化和固化实存个体之存在的现实性和必然性：它现成地摆在那里，由本性而拥有那些外观的属性。总之，亚里士多德以"本体"范畴把形而上学的对象锁定在现成实存个体及其

---

① Aristotle: *Metaphysica*, 1050^{b}1-3.
② 参见 Op. cit., 1017^{b}10-23。
③ 参见 Op. cit., 1017^{b}24-26。

"本体"之上。

显然，亚里士多德的这个"本体"范畴，其逻辑起点可以说乃从"广义"出发，即首先同实存者，尤其实存个体相联属。随着形而上学进一步展开，"本体"范畴转入"狭义"，也即作为实存个体的原因和本原——"可感本体"。本书上一章以及后文基本上围绕这狭义"本体"展开。

一　实存者的"个体—类"格局：范畴逻辑

形而上学作为关于实存者的存在之图景，正是以形式逻辑描绘的。确切说来，如亚里士多德所指出的，存在有多少种意义，就有多少种范畴。这就是说，"范畴"是对"存在"的建构，将其精严地落实在逻辑层面上。这样，范畴论成为形而上学之作为形式逻辑展开的初始的、基本的一环。形式逻辑乃按"范畴（概念）——命题——推理/论证"序列展开。就范畴逻辑而言，无疑这里核心是"本体"范畴。确切说来，也就是对"可感本体"的逻辑建构。"可感本体"是作为"可感事物"的实存个体的原因和本原。所以，这也就是从"可感本体"来建构实存个体。另一方面，个体实存者就知识而言总是结成类，总是作为类的成员实存。这样，实存者在形而上学层面首先呈现"个体—类"的格局。实际上，"第一本体"作为个体的"本体"，"第二本体"作为类的"本体"以及两者的关系构成实存者"本体"之范畴逻辑的核心和主干。

个体的本体是"第一本体"：原初的本体及其"四标识"

亚里士多德的形式逻辑作为形而上学，乃以范畴论为基础和核心。实存者本体确立为逻辑范畴，并且是"十范畴"的核心。实存者及其本体又建构为"主—谓结构""命题"，确切说来是"范畴命题"。对实存者的进一步建构乃在于建起作为其本体的命题和作为其现象的命题所结成的"推理"("范畴推理")或者说"论证"的即必然因果的联系。显然,"本体"范畴的建构自是重中之重。

(1) 亚里士多德以"三加一"的规定性建构"第一本体"。

所谓"三加一",是指"本质""普遍""属"以及"基底"。其中前三个是"第一本体"和"第二本体"所共同的规定性,而"基底"则是"第一本体"即"可感本体"所特有的。他写道:"'本体'这词若不说有更多意义,也仍至少适用于四种主要对象;因为,本质、普遍与属① 都被认为是每个事物的本体,第四个则是基底。基底这东西,别的一切都谓述它,而它自己不谓述别的任何东西。即然如此,我们必须首先来确定这东西的本性。因为,作为一个事物之基底的东西原初被认为是它的真正意义上的本体。"② 他稍后说到这四者时写道:"我们开始时就区分开了我们借以确定本体的各种标识。"③ "本体"有这些个"标识",也就是说,它们是"本体"的必要规定性,使之成其为"本体"。但这不是说,它们各别地都是"本体",它们只是合起来构成"本体",它们是"本体"的诸多方面和规定。值得注意的是"属"之作为"本体"的标识,这意味着,"可感本体"以至实存者作为个体都是类的成员。这就从本体上规定、展示和表明,实存者及其本体作为个体总是类的成员。总之,重要的是,"基底"这个规定性决定着"本体"之为"第一本体"也即"可感本体""实存个体的本体"——"真正意义上的本体"。

关于基底的"本性",亚里士多德做了阐释。他说:"在一种意义上,质料被说成是具有基底本性的,在另一种意义上,形状被说成这样,在第三种意义上,这两者的复合被说成这样。(说质料,举例说来

---

① 亚里士多德对"属"的运用有着广义和狭义两途。广义上用,"属"可以说同于"类",它在此引文中即如此。狭义上也即本义上用,它乃同于"种"结对。而且,"种"的用法在他那里情形亦复如此。
② Aristotle: *Metaphysica*, 1028^{b}33-35.
③ Op. cit., 1029^{b}11-12.

第二章　形式逻辑作为形而上学：实存者的哲学建构

我是指青铜，形状指它的形式的模样，复合物是指雕像，即具体的整体。）"① 这就是说，"基底"作为本体的标识和规定，在于本体呈可感性和个体性，因它包含质料，又依形式而成"具体整体"即个体。它造就真正意义上的本体也即原初的本体。因为，实存个体是"可感事物"，其实存有呈"现象"的一面，"基底"作为它的"本体"，也就是"现象"的原因和本原。总之，本体以其具有"三"而成其为本体，再添加上"一"，则成其为"第一本体"即原初本体。

总的来说，这四个标识从两个方面规定本体。一是规定了实存者及其本体是作为个体和类实存的实体②（基底和属），当然类只是在派生的意义上实存。二是规定了实存者作为实体而"所是的东西"（本质和普遍）。

（2）亚里士多德表明了"第一本体"的三特性：个体性、可感性和自在性。

他所标举的这些特性，正是对"本体"，确切说是"第一本体"这个逻辑范畴的建构，给它注入了逻辑内涵或者说规定性。前两个特性在上一章里已有讨论，这里转入"本体"范畴的上述"三加一"格局做进一步探究。

（i）个体性。亚里士多德表明，"本质""属"和"普遍"作为事物的原因和本原而成为"本体"的标识和规定。质料和形式复合而成的"基底"不仅促成"本体"，更促成"第一本体"。对于后者，他强调，"形式"（狭义上同于本质，故不单列为"本体"的标识）先于质料，也

---

① Aristotle: *Metaphysica*, 1028ᵇ33-1029ᵃ5.
② 亚里士多德用"实体"（entity, substantive being）指称独立实存的自然事物，"本体"（substance）则指称实存个体的现象之原因和本原。显然，它们是不同的，不妨说"本体"是"实体"的原因和本原。于此益见，substance 应译为"本体"，正与"原因和本原"意义相契，不可译为"实体"，其理昭然。

先于其与质料的复合体，更具实在性①，决定着复合物的个体性（"具体整体"）。而质料不是这样，他说："我说的质料，是指本身不是个特定事物的，不具有一定数量的，也未赋予借以确定存在的任何其他范畴的东西。"② 仅仅质料本身没有个体性，也不能谓述任何范畴，所以它不是"本体"的标识，也不是"基底"的标识。总之，"离散性和'这个性'被认为主要属于本体。所以，不是质料，而是形式以及形式和质料的复合才被认为是本体"③。

（ii）可感性。亚里士多德指出，自然界是物质世界，实存的唯有可感事物，理念论所主张的"理念"并不实存。他就此写道："这理论［指'理念论'——引者］呈示诸多困难，最悖谬的是这样的说法：除了物质宇宙中的那些事物外，还并存着某些事物，这些事物乃与可感事物相同，只是它们是永恒的，而后者是可灭的。因为，他们说，有人本身、马本身和健康本身，并无什么进一步限定，这做派如同那些人，他们说，有神，但呈人形。因为，他们曾设定唯有永恒的人，而柏拉图主义者现在也让'形式'无异于永恒的可感事物。"④ 当然，这种可感性并不系于质料本身，而是缘于质料之与形式结成个体，也即缘于"基底"。他说："这些本体是可感本体，可感本体全都有质料。基底是本体。这在一种意义上是质料（我说的质料，是指，不是现实地而是潜在地为一个'这个'的东西），在另一种意义上是表式或形状（作为一个'这个'，它能被单独出之以表式），以及第三，这就是这后两者的复合，唯有它被产生和毁灭，并不加限定地就能单独实存。"⑤ 总之，"可感本体"的"可感性"乃缘于以其"基底"而达于个体性。

---

① Aristotle: *Metaphysica*, 参见 1029^{a}6-7。
② Op. cit., 1029^{a}20-22.
③ Op. cit., 1029^{a}27-30.
④ Op. cit., 997^{b}5-12.
⑤ Op. cit., 1042^{a}25-32.

(iii) 自在性。亚里士多德写道:"我说的'第一'本体是指这样的东西,它并不蕴涵着某物存在于别的某物之中,即存在于如同质料那样成为它的基础的东西之中。"① 这就是说,本体之"第一"在于独立自在。这里,尤其他从语言层面来确定这种自在性,其要义是,"第一本体"在语句中只做主项,自己也不做谓项去谓述他者。他就此写道:"本体,就这词的最真确的、原初的和最确定的意义而言,乃是既不谓述一个主项,也不依存于一个主项的东西,例如个体的人或马。"②("我说的'依存于一个主项',不是指如同诸部分依存于一个整体般的依存,而是指离开了所说的主项就不可能实存。"③)"除了第一本体而外的一切都要么谓述第一本体,要么依存于它们。"④ 无疑,"第一本体"的自在性同样缘于其个体性。

总之,"第一本体"以其"基底"而成为作为实存个体现象之本原和原因的本体,与现象融合为独立自在的可感个体,故而是本来意义上的本体——原真的本体。当然,"第一本体"也具有"三加一"本体标识中的"三"。它是"种"和"属"的成员;它是实存个体现象的"本质";"第一本体"是独一个体,但作为类的成员,它的"本质"是与同类成员个体的"本质"共同的,从而也有"普遍"方面或者说这种标识。

"类"作为"种"和"属"是"第二本体":派生的本体

"第一本体"作为独立自在的原初"本体",兼有全部"三加一"标识。这四个标识中,"属"占有较为特殊的地位,它本身不只是本体的标识,而且以其具有相对的实存性而径自引入了"类"作为"第二本

---

① Aristotle: *Metaphysica*, 1037^{b}2-4.
② Aristotle: *Logica · Categoriae*, 2^{a}12-13.
③ Op. cit., 1^{a}23-24.
④ Op. cit., 2^{b}3-5.

体"。接纳"类"作为本体，是形而上学的知识论立场所决定的。"第一本体"只是把捉了本体之超越实存个体"现象"，而知识更要着眼于"本体"之超越同类实存个体，这正要求以"第二本体"从类来把捉这种超越。

（1）亚里士多德提出，知识论立场要求我们承诺"第二本体"的实存。

亚里士多德以形而上学表明，认识不可能停留于对无限经验个体的感性认识，必须通过思维超越之，去把捉那实存的类，由之把捉作为成员的个体所共同的本体及其固有的普遍属性，从而达致知识。这样，就必须承认个体之外也有类实存。他说："如果说一方面个体事物之外一无所有，而个体又为数无限多，那么，怎么能获致无限多个体的知识呢？对于我们进行认识的所有事物来说，我们是就它们有某种统一性和同一性，就某个属性普遍地属于它们而去进行认识的。"① "如果个体之外再没有什么，那么，就会没有思维的对象，而一切事物都将成为感觉的对象，也就不会有关于任何事物的知识，除非我们说，感觉就是知识。"② 他特别强调："凡不属于某属之某种的东西都不会有本质——只有种才会有本质。"③ 知识目标在于把捉本质，这样，实存个体作为知识对象就总是作为类的成员出现而实存。这是亚里士多德形而上学的一条重要原理："属"是本体的标识。显然，这正是实存者之"个体—类"格局的底蕴所在。

于是，本着这种知识论立场，他写道："如果必须这样，那么，个体之外有属实存，就将是必然的——不是最低的属，就是最高的属。"④ 个体独立实存自在。众个体缘于本体同一而统一成类，个体实存着，这

---

① Aristotle: *Metaphysica*, 999ª26-28.
② Op. cit., 999ᵇ1-4.
③ Op. cit., 1030ª12-13.
④ Op. cit., 999ª29-32.

第二章　形式逻辑作为形而上学：实存者的哲学建构

实存是独立自在，而类也是实存在那里，问题是，这实存是从个体之实存派生的，依存之，是依皮之毛。同时，确定的类是思维之超越无限个体的产物，故不若个体实存之对于感觉的独立自在，类的实存包含思维的创造性贡献。总之，类是"第二本体"。

（2）亚里士多德表明，类只有作为种和属才是"第二本体"。

在他那里，柏拉图那里空洞的"类"在"两个世界"结合基础上建构为"种"和"属"，这两个逻辑范畴是对"自然类"即实存个体的现象层面的"类"的超越。他提出，只有"种"和"属"才是"第二本体"。他说："在次级意义上那些东西称为本体，作为'种'，它们把第一本体包括在内，它们也作为属，把种包括在内。例如，个人包括在种'人'之中，这种所属的属是'动物'。因此，这些东西——也即种'人'和属'动物'——称为第二本体。"①

他强调，"本体"的"三加一"四标识中，除了基底为"第一本体"外，"种"和"属"也是"本体"，尽管是"第二本体"，但不止是"本体标识"。他写道："有充分理由说，当我们排除第一本体后，在剩下的一切中，我们只给予种和属以'第二本体'之名，因为所有谓项中只有这两个传达关于第一本体的知识。"②他进而还指出："一切本体似乎皆指谓个体的东西。在第一本体情形里，这无可置疑地是真确的，因为这东西是个单位。在第二本体情形里，当我们比如说到'人'或'动物'时，我们的说话方式给人这样的印象：我们在此也是在指示个体的东西，但这印象并不严格真确。因为，一个第二本体并不是一个个体，而是一个类，带某种限定。因为，它并不像一个第一本体那般是单一的；'人''动物'这些词可谓述多于一个主项。"③实存个体作为知识

---

① Aristotle: *Logica · Categoriae*, 2^a13-18.
② Op. cit., 2^b28-31.
③ Op. cit., 3^b10-17.

对象，总是作为类的成员实存，而这个身份正是"种"和"属"给予的。同时，"类"虽不是单一个体，但还是可数的，因而拥有依从于单一个体绝对实存性的派生实存性。所以，"类"作为"种"和"属"是"本体"。

亚里士多德从语言层面表明，"本体"在于"不依存于"主项，也即离开主项也能实存，自己就充任主项。"第一本体"是这样，"第二本体"即"种"和"属"同样如此。这就是说，类可任主项，所以也是"本体"。他写道："一切本体的一个共同表征是，它绝不依存于一个主项。因为，第一本体既不依存于一个主项，也不谓述一个主项。而就第二本体而言，由以下论据（且不论其他论据）可知，它们并不依存于一个主项。因为，'人'谓述个体的人，但不依存于任何主项：因为人群不依存于个体的人。同样，'动物'也能谓述个体的人，但不依存于他。"① 作为可做主项的"本体"，"第二本体"也拥有"第一本体"同"性质"范畴所结成的那种"主—谓"结构。他说："第一本体最称实至名归，因为它们为别的一切做基底，也是其主项。好吧，第一本体和别的一切之间存有的这种关系也存有在第一本体所属的种和属以及未包括在这些种属之中的每一种属性这两方之间。因为，这些种属是这类属性的主项。如果我们称一个个体的人'娴熟于语法'，那么，这个谓项也适用于他所属的那些种和属。这条定律在一切情形里都屡试不爽。"② 总之，"第二本体"作为本体有着与"第一本体"的根本的共同之处：实存的主项。

现在可以明白，"三加一"个"本体标识"中，唯有"本质/形式"和"普遍"只是"标识"而已，本身并不是本体。然而，既然"类"作为"种"和"属"乃是本体，那么，也必拥有这两个"标识"或者说向

---

① Aristotle: *Logica · Categoriae*, 3ª6-14.
② Op. cit., 2ᵇ39-3ª6.

度。同时,这两个标识尽管本身不是本体,却也与本体难分难解。在"第一本体"那里,它还包括在"基底"之中,在"第二本体"那里,它作为"所是者",径直就内衬作为本体的"类"。因着"普遍","本质"在"第一"和"第二"本体中归于同一。

(3)亚里士多德强调,"第二本体"是派生的本体。

亚里士多德表明,"第二本体"作为本体有实存性,但这种实存性是从"第一本体"的独立自在派生的。因为,"第一本体"是其余一切,包括"第二本体"的基础,离开它,它们都无实存可言。所以,他说:"可见,除了第一本体而外的一切都要么谓述第一本体,要么依存于它们,而如果后者不实存,那么,任何别的事物都一概不可能实存。"① 实际上,"类"作为"种"和"属",只是由于包括了实存个体作为成员,才取得实存性,这就是所谓"派生""第二"的命意所在。总之,他认为,"第二本体""属不是可同其他事物分离的确实的实体和本体"。② 它的实存不是独立自在的。

亚里士多德表明,"第一本体"作为一切的基础,不仅可以做主项,也不依存于主项,而且只由其他一切来谓述自己,自己却绝不去谓述他者。"第二本体"则不同,尽管也不依存于主项,也可做主项,但却能去谓述"第一本体"。这也是它所以是"第二"即"次生"者的缘由和表现。这里,"种"和"属"又表现出同其他九范畴相同的一面,即都谓述"第一本体"。不过,总的来说,在"十范畴"中,"第一本体"和"第二本体"还是同列为"本体"这个范畴。

亚里士多德还表明"第二本体"之与"第一本体"的重要差别。"第一本体"是自然界生成的实存事物。"第二本体"乃由本体相同的实存个体集合而成。这样,一方面它依托所由组成的实存个体而有派生实

---

① Aristotle: *Logica · Categoriae*, 2^b3-6.
② Aristotle: *Metaphysica*, 1053^b21-22.

存性，另一方面，"种"和"属"范畴是对同类无限个体的超越，很大程度上是逻辑建构的产物。这种建构逻辑是"定义"，语言形态为"表式"。他就此写道："本体有两类，即具体事物和表式（我是指，一类本体是为质料所攫取的表式，而另一类为普遍性的表式），前一种意义上的本体能够毁灭（因为它们也能生成），但表式就其总是处于被毁灭过程之中而言是没有毁灭的（因为它也没有生成；房屋的存在不是生成的，而唯有这所房屋的存在），但表式之在和不在，乃无关乎于生成和毁灭。因为业已表明，没有人生育或制造这些表式。"①

"本质"/"形式"作为本体标识：个体和类的本体共通

亚里士多德把柏拉图的"理念"移植过来，批判改造成了"本质"。同样，如同"理念"在那里认同于"形式"，在这里亦视为与"形式"同一。在四个"标识"中，有两个即"本质"和"普遍"都只是"标识"而已。"本质"/"形式"只有同"质料"复合才成为本体——"可感本体"即"第一本体"。"本质"/"形式"又不是类——个体的集合，故也不是"第二本体"。对于"第一本体"来说，给作为"本体"标识的"基底"解除"质料"，这"本体"剩下的就是"本质"即"形式"。实际上，个体以相同"本质"而结成类，也就是以相同"本质"即"形式"而结成类。这样，"类"的"本体"转归为"本质"/"形式"。但不能反过来说，"本质"是类的"本体"，因为"本质"如同"理念"，也不实存，而是依存于类，后者又依存于"个体"。正是在这个意义上，亚里士多德时常把"本质""形式"和"本体"三者奉为同一。显然，"第一本体"的"本质"和"第二本体"的"本质"是同一的，不妨说同一于"本质本身"。所谓"个体和类的本体共通"正是这个意思：共

---

① Aristotle: *Metaphysica*, 1039^{b}20—28.

第二章　形式逻辑作为形而上学：实存者的哲学建构

通于本质，共通于本质同一。值得注意，亚里士多德有时把"十范畴"中"本体"的位置给予"本质"。例如，他说："……事物属于存在的各别范畴（因为说成'存在'的事物有的指谓本质，另一些指谓性质，还有些指谓我们前面已区分开的其他范畴）。"① 这正反映了，本体在上述意义上同一于本质，尽管后者只是本体的一个标识。无疑，也是因为这个原故，这两种本体才合成"本体"而列入"十范畴"。再说，"形式"自然也是本体的"标识"，却未列入"三加一"之中，这显然是因为亚里士多德把它与"本质"同一而合体，合二为一了。

（1）亚里士多德表明，实存事物的"本体"必然地同一于其"本质"。"本质"是什么？他回答说："每个事物的本质就是被说成凭它本身而所是的东西。因为，既然你并非出于你的本性而是爱好音乐的，故'是你'并不是'是爱好音乐的'。这么说，你出于本性而所是的东西乃是你的本质。"② 显然，"本质"尽管不是"本体"（"形式"和"质料"合成后才成为个体的"本体"），但作为"事物所是者"即"事物本身"是同作为事物"本原"的"本体"相通的。同时，"本性"是必然的东西。所以，实存事物的"本体"必然地同一于其"本质"。这里可以说，把"质料"搁置了起来。"基底"既由"形式"和"质料"复合而成，那么，"质料"离去，只剩下"形式"，也就成了"本质"即"所是者"同一于"形式"，而"本体"又同一于它们。他写道，"一切不依从于别的事物而自存的和原初的事物都是这样"，即"必然同本质一体"③，"每个事物本身及其本质不止偶然地同一"④。正是在这个意义上，他说："我说的'形式'，是指每个事物的本质和它的第一本体。"⑤

---

① Aristotle: *Metaphysica*, 1024^{b}13–15.
② Op. cit., 1029^{b}13–16.
③ Op. cit., 1031^{b}12–13.
④ Op. cit., 1031^{b}17–18.
⑤ Op. cit., 1032^{b}1–2.

既然"本质"是事物本身，所以，"本质"可以说与"本体"本质地相关。不过，亚里士多德认为，其他"九范畴"，尤其"性质"，也有"本质"，问题是在"有限"的意义上。他指出："性质也是一个'一个事物所是者'——然而不是在单纯意义上，而是恰似在不存在者情形里，人们为强调语言形式而说，不存在者是存在的——并不是单纯地存在，而是非实存的；性质也是如此。"① 总之，他强调："本质专一地或者主要地原初地且在不加限定的意义上属于本体。"②

（2）亚里士多德表明，"本质"是"类"即"种""属"的作为"定义"的"表式"。

显然，重要的是，应当探明"本质"同其他三个"标识"之间的关系。先讨论它同"属"和"基底"的关系。

在亚里士多德那里，如上所述，"本质"乃脱胎于柏拉图的"理念"。"理念"乃同"类"相联属。同样，现在"本质"亦同"类"即"种"和"属"相联系。"种"和"属"脱去"质料"，可以说以纯粹形态呈示"本质"，正如柏拉图那里作为"类"的"理念"径自同一于"本质"。所以，如前所引，亚里士多德直言：不属于一个种的东西绝不会有本质，只有种才会有本质。

实存个体和类在本体上共通于"本质"。这样，知识的目标便从作为实存个体的现象之原因和本原的"第一本体"转归为类的"本质"。他指出："我们正是寻求所存在的事物的以及显然它们作为存在的本原和原因。每一门推论的或完全是推理的科学一般都相当精确地处置原因和本原，所有这些科学都划取某个特定存在——某个属，探究这属，而不探究单纯存在、作为存在的存在；它们不对它们所处置的事物的本质做任何讨论，而是从本质出发……它们然后相当有说服力地论证它们所

---

① Aristotle: *Metaphysica*, 1030ª24-27.
② Op. cit., 1031ª13-14.

第二章　形式逻辑作为形而上学：实存者的哲学建构

处置的属的本质属性。……同样，各门科学撇开这样的问题：它们所处置的属存在还是不存在，因为这属于那类思维，即想表明属是什么以及属所是的东西。"① 他区分开了科学和哲学的职司，而这里形而上学通过研究表明，知识在于对"属"即"类"的"本质"的把握。

亚里士多德表明，"本质"，确切说单纯的"本质"或者"本质"本身要到"类"那里去找。"第一本体"被"质料""攫取"，因为它由"形式"和"质料"合成。然而，"例如，人的形式总是处于肉和骨及诸如此类部件之中，那么，这些也构成形式和表式的组成部分吗？不，它们是质料"②。所以，他说，弄清楚这一点，才能去把捉"本质"："另一个问题自然提出，即哪类部分属于形式，哪类不属于形式，而属于具体事物。然而，如果不弄明白这一点，就不可能定义任何事物，因为定义是对普遍和形式的定义。这样，如果不晓得哪类部分是质料性的，哪类不是，那么，事物的表式也就不会明晓。"③

总之，要到"种"和"属"那里去把捉"本质"，因为，"第二本体"是单纯"形式"的，故纯粹地呈示"本质"，也即同一于"本质"本身。同时，既然，"第二本体"是用"定义"建构的"表式"，所以，"本质"也是"定义"建构的"表式"。他说："唯有那些其表式为定义的事物才有专质。"④"种"和"属"有着作为"定义"的表式，因而有"本质"。显然，这是指"种"和"属"以其拥有作为"定义"的"表式"而直接就是"本质"，不若"第一本体"，其"表式"为"质料"所"攫取"，而不是"定义"，故不是单纯"本质"。他说："质料性的事物，或者作为包含质料的整体的事物并不和其本质相同，但也不是偶然

---

① Aristotle: *Metaphysica*, 1025^{b}1-18.
② Op. cit., 1036^{b}3-5.
③ Op. cit., 1036^{a}26-31.
④ Op. cit., 1030^{a}6-7.

实体。"① 总之,"定义是本质的表式"②。关于定义,下一节还要做详细研讨。至于"本质"和"普遍"的关系,接下来就要研讨。

"普遍":"本质"的"表式"

"普遍"是"本体"的又一个"标识"。这是它与"本质"相同的一面。但又不同于"本质","本质"如上所述在某种意义上可以说是"准本体",而"普遍"够不上这个地位。

(1)亚里士多德表明,"普遍"是"第二本体"的一个表式——"类"的"名字"。

亚里士多德写道:"普遍也被人认为是完全意义上的一个原因和本原。因此,让我们也来讨论这一点。因为,这似乎不可能:任何普遍词项都该是一个本体的名字。因为,每个事物的本体首先是它所独有的东西,不属于任何别的东西。但是,属于一个以上事物的那种东西才称为普遍的,故普遍是共同的。那么,这将是哪个个体的本体呢?要么是所有个体的,要么不属于任何个体。不过,它不可能是所有个体的本体。同时,如果它要成为一的本体,则这一也将是他者;因为,其本体是一并且其本质是一的事物本身也是一。再者,本体意指不能谓述一个主项的东西,但普遍总是能谓述某个主项。不过,也许普遍虽然不可能如同本质那般地成为本体,却能存在于这本体中。例如,'动物'能存在于'人'和'马'之中。这时,显然它是本质的一个表式。哪怕它不是处于这本体中的每个东西的一个表式,也没有关系。因为,普遍仍将是某种东西的本体,如'人'是它所在的个人的本体,以致同样结果将再次发生;因为普遍如'动物'将是它存在于其中的那个东西的本体,作为

---

① Aristotle: *Metaphysica*, 1037^{b}3-5.
② Op. cit., 1031^{a}13.

第二章　形式逻辑作为形而上学：实存者的哲学建构

它特有的东西。"① 这里首先表明，就真正意义上的"本体"即就"第一本体"而言，"普遍"只是"本体"的"标识"，但本身并不是"本体"。每一个"本体"都是自在的个体，而"普遍"是共同的，所以，它不是"本体"，如同"理念"那样。但作为"标识"，它又存在于个体之中，融入个体之独特"本体"之中，而上述引文最后一段正是这个意思。例如，"人"作为"普遍"存在于个人"苏格拉底"之中，同"质料"和"本质"一起融入其"本体"之中。"第一本体"所以有"普遍"这个"标识"，乃缘于它总是"类"的成员，从而与同类个体有共同的方面。就"第二本体"而言，如上所述其"本体"在于"本质"。"本质"的"表式"即"定义"为"属加种差"，这前一部分即对应"普遍"。可见，"普遍"只是"本质"的一个部分、方面，只是"本质"的"一个""表式"，是其诸"表式"之一。因此可以说，"普遍"可说是"本质"的"标识"。它不是"种"和"属"的"本体"，只是"本体"的"标识"。同时，它作为"表式"不是"定义"（后者是"本质"的"表式"）。"普遍"作为表式是"普遍词项"即"通名"，是"种"和"属"的"名字"，只是"本质"表式即"定义"的一部分。这也正是"本质"之和"普遍"的关系所在："普遍"是"本质"的组成部分。值得强调，显而易见，如同"本质"，"普遍"也在"第二本体"那里表现得淋漓尽致，纯粹呈现。

（2）亚里士多德表明，实存个体结成"类"而获致"普遍"，取得"类名"，从而其本质连通于"类"本质，由其定义规定。

先来录引他的下述重要文字："这些种被认为不仅意味着，主项分享属性并以之为性状，或者偶然拥有它，而且还意味着，对于别的任何事物，如果它有个名字，则也将会有它的意义的表式——这属性属于这

---

① Aristotle: *Metaphysica*, 1038^{b}7-24.

主项。否则，不用一个简单表式，我们也能够给出一个较精确的表式，但不会有定义或本质。"[①]当实存个体以"普遍"为"表式"即"名字"时，相应的"种""属"的"表式"即"定义"便成为相应"实存个体"的"本质"。换言之，当"普遍"作为"表式"即"名字"施予实存个体时，后者的"本质"便以"名字"所标示之"种""属"的"定义"纯粹地呈现出来。显见，"普遍"作为"本体"的标识，在于以其"表式"即"名字"确定实存个体的"种""属"成员身份，从而同时建起实存个体和相应的类两者之间的本体共通和本质同一关系，因为"身份认同"保证了类的定义成为实存个体的本质，同时也是它自己的本质之表式。

（3）亚里士多德表明，知识以"普遍"为目标。

知识乃在于把捉实存个体现象之本原和原因，也即"第一本体"。问题是，"第一本体"有着"本质"、"种""属"和"普遍"这三个"标识"或者说向度和方面（其"基底"去除"质料"后亦归于"本质"）。这就决定了，关于"第一本体"的知识转归为关于作为"普遍"的"种""属"之"本质"的知识，因为如上所述，"第一本体"和"第二本体"共通于"种""属"纯粹呈现的"本质"。同时，如上所述，"普遍"作为"第二本体"的标识，乃是"种""属"的作为"表式"的"名字"，作为语言表达式，传达了"种""属"的类名即"通名"的指云（逻辑上对应于外延），意味着覆盖全部成员。"本质"作为"类"的"表式"即"定义"则传达了"种""属"的类名的含义（逻辑上对应于内涵）。实存个体如此作为"普遍"名下的成员而获致"本质"。总之，既然如上所述，只有当"普遍"同"第一本体"相联属时，"定义"才是其"本质"，所以，所谓知识在于把捉"种""属"的本质，便又转归于对"普遍"的认识。把捉到了"普遍"，也就认识了实存个体现象的原因和本

[①] Aristotle: *Metaphysica*, 1030ª13-17.

第二章　形式逻辑作为形而上学：实存者的哲学建构

原。对于这一层关系，亚里士多德这样设问："一切知识都是关于普遍东西和'这样的东西'的，但本体不是个普遍东西，而是一个'这个'——一个可分离的东西，因此，如果有关于第一本原的知识，那么就产生这样的问题：我们如何料想第一本原是本体？"① 他回答说："如果它们[按指'第一本原'——引者]不是普遍东西，而是个体性的，那么，它们将是不可认识的；因为任何知识都是普遍的。因此，如果有关于这些本原的知识存在，那么，就一定有先于它们的其他本原，也即普遍地谓述它们的那些本原。"② "我们说的'普遍'，是指能谓述个体的东西。"③ "普遍"以其"表式"即"名字"施予实存个体，也就是谓述之，从而以其指云保证了"本质"及于"种""属"全体成员。至于"在先"，"在定义上，普遍在先，在对知觉关系上个体在先"④。因为，如上所述，以"普遍"为主要部分的定义乃作为"本质"谓述实存个体。

　　亚里士多德强调，知识即科学（他称之为"理论科学"）研究者"切勿漠视本质的存在和本质的定义之模式，因为，否则的话，所做探究便终成空忙一场"⑤。这模式乃以"普遍"为"标识"。理论科学总是"处置一个属，即某一种类存在"⑥。个别的东西"作为元素甚至会不可认识。因为，它们不是普遍的，而知识乃关于普遍东西。这从论证，也从定义可以看出。因为，我们不会得出结论说：这个三角形各个角等于两直角，除非每个三角形都是各个角等于两直角；也不会说这人是个动物，除非每个人都是个动物"⑦。

---

① Aristotle: *Metaphysica*, 1060^{b}20–23.
② Op. cit., 1003^{a}13–17.
③ Op. cit, 999^{b}35–1000^{a}1.
④ Op. cit, 1018^{b}33–34.
⑤ Op. cit., 1025^{b}28–30.
⑥ Op. cit., 1026^{a}24.
⑦ Op. cit., 1086^{b}32–36.

二 实存者的"本体—性质"模式：范畴命题逻辑

亚里士多德的形而上学以形式逻辑把知识对象实存者建构为其本体及其出于存在本性而具有的属性的复合体——范畴命题。实存者以此呈"本体—性质"实存模式，落实为主—谓结构的范畴命题。"本体"作为主项，由"性质"等九范畴来谓述，也就是由它们来规定或者说限定。所谓"范畴命题"，乃缘于命题所由构成的主项和谓项皆为逻辑范畴。"属性"为"本体"所具有，依存于后者，同样，"九范畴"也都依存和从属于"本体"。由于这个缘故，我们说，"本体—性质"模式乃以范畴命题为逻辑形态。"个体—类"的格局让我们看到"树木"和"森林"。现在，移动"镜头"去"定格""树木"，逻辑"眼睛"首先看到的就是这幅范畴命题图景。

实存者"本体—性质"模式的逻辑：主—谓结构范畴命题

亚里士多德的形而上学把实存者的实存建构为呈"本体—性质"模式，它出之以形式逻辑，便是主—谓结构范畴命题。如刚才所述，范畴命题逻辑说到底是关于"本体"的。就形而上学作为"本体"理论而言，范畴命题是个"支点"，一如康德认识论的"先天综合判断"和分析哲学作为方法论的"普遍必然综合命题"。这里也是逻辑建构最着力处。

（1）亚里士多德表明，形而上学处置实存个体的本体及其固有属性，从而揭示其实存的"本体—性质"模式。

他首先设问道："我们的研究究竟仅仅关心本体，还是也关心本体的本质属性？"[1] 他强调，首先科学主要研究本体："任何地方科学都主

---

[1] Aristotle: *Metaphysica*, 995^{b}18-19.

第二章　形式逻辑作为形而上学：实存者的哲学建构

要处置那原初的、其他事物都取决于它的、它们还缘于它而得名的东西。于是，如果这就是本体，那么，哲学家必须把本体把捉为本原和原因。"① 然而，还是要两者都予研究。他说："显然，一门科学的工作是去考查作为存在的存在以及属于作为存在的它的属性，同一门科将不仅考查本体，而且也考查它们的属性。"② 他还说："我们的研究光光处理本体，还是也处置它们的属性呢？我是说，比如，如果立体是本体，线和面也是本体，那么，认识这些本体，以及认识这些类的每一个的属性（数理科学给出关于它们属性的证明）是属于同一门科学，还是不同科学的任务？如果属于相同的科学，那么，关于本体的科学也一定是论证的科学。可是，据认为并不存在关于事物本质的证明。而如果是不同的科学，那么，研究本体属性的科学该会如何呢？"③ 这里实际上指出，关于"本体"的"发现"的科学不是"论证"的科学。形而上学是关于现成本体的，作为形式逻辑，把实存者本体处置成现成的范畴和命题，它们在论证中则作为现成的真确的前提。总之，形而上学在辩护脉络中展开，处置科学所已把握的实存者之本体即现成的本体及其属性。至于科学如何发现本体，那属于"发现的哲学"。可见，亚里士多德的这段论述包含重要深刻的哲学意涵。

科学作为现成知识，乃把捉实存者现成的本体及其固有属性。不同科学乃把捉不同实存者本体及其不同固有属性，如化学把捉各种化学物质的各种化学性质。形而上学正以形式逻辑昭示这一原理：不同科学把捉不同实存者的本体及其不同固有属性。亚里士多德就此写道："每一门论证科学皆从共同信念出发去就某个主项研究它的各个本质属性。因此，从一套信念出发，研究一个类别事物的本质属性，乃是一门科学的

---

① Aristotle: *Metaphysica*, 1003^{b}16–19.
② Op. cit., 1005^{a}13–15.
③ Op. cit., 997^{a}25–34.

任务。因为，主项属于一门科学，诸前提也属于一门科学，无论同一门还是别一门。因此，属性也是如此，无论它们由这些科学，还是后者复合成的一门科学来研究。"① 总之，一门科学只研究一个种类事物，也只研究一个种类事物的属性。他说："既然对于每一种类事物来说，如同有一种知觉，也有一门科学，就像对于例如语法那样，有一门科学，它研究一切发音。因此，研究作为存在的存在的所有的种，是一门关于一个属的科学的工作，而研究若干种，则是这门科学的一些特定部分的工作。"② 各门科学"截切存在的一个部分，研究这个部分的属性"③。

总之，亚里士多德表明，实存者即现实存在的个体，其实存采取其本体和固有属性结成从属关系的模式。他以形式逻辑赋予这种模式以形态——"范畴命题"。"属性"乃实存个体出于本性即作为存在而拥有，所以，"性质"是存在的意义之一种，也是"范畴"。同时，这种主从关系也就是谓述关系："性质"作为谓项去谓述作为主项的"本体"。这样，实存者的"本体—性质"模式便落实为皆是"范畴"的主项和谓项所构成的"范畴命题"。作为"范畴命题"，如亚里士多德所强调的，"性质"是主项即"本体"的固有属性，所以，这命题所表达的"谓述"关系蕴涵着一种必然的逻辑联系，而这正是下一节要讨论的实存者之"推理"/"论证"逻辑的形而上学基础。

（2）亚里士多德表明，"范畴命题"的真理性在于主项和谓项之间的必然结合。

首先，他强调，从自然界局部、事物现象是找不到真理的，因为这样只会看到变化和生灭。只有到整个物质宇宙中才能看到不变性：主体和属性耦合而来的不变性。他就此写道："批判那些人是公正的，他们

---

① Aristotle: *Metaphysica*, 997^{a}19-24.
② Op. cit., 1003^{b}19-22.
③ Op. cit., 1003^{a}24-25.

第二章 形式逻辑作为形而上学：实存者的哲学建构

持此观点来断言他们只在甚至少量可感事物中所看到的整个物质宇宙。因为，可感世界的仅仅那个紧紧围绕我们的区域始终处于毁灭和生成的过程之中。可是，可以说，这连整体的一小部分都算不上，所以，因世界的另一个部分而来开释这个部分大概更好，胜过因为这个部分而怪罪另一个部分。……我们得向他们表明，劝他们相信，有某种东西存在，它的本性是不变。其实，那些人说事物同时在又不在，他们因此应当说，一切事物都处于静止，而不是在运动之中。因为，既然一切属性业已属于一切主体，所以不存在它们所能变成的东西。"①

亚里士多德表明，真理性是事物所有的，从而揭示了真理性的形而上学本性。事物的最高形而上学本性是存在，所以，真理性在于"存在"，维系于"存在"。他说："术语'存在'和'不存在'首先就范畴运用，其次就这些范畴的潜在性或现实性或者它们的不潜在性或不现实性运用，第三，在真的和假的意义上运用。"② "存在"转归于本体，后者又是可感事物的原因和本原。因此，真理性又在于原因和本原。他写道："现在，我们离开一个真理的原因，就认识不了它；一个事物比其他事物在更高程度上拥有一种性质，如果由于它，类似的性质因而也属于其他事物的话（例如，火是最热的东西；因为它是所有其他事物发热的原因）；于是，引致派生真理成真的东西是最真的。所以，永恒事物的本原必定总是最真的（因为它们不止有时是真的，它们的存在也没有任何原因，但它们自己是其他事物存在的原因），结果是，如同每个事物皆同存在有关，它们也都同真理性有关。"③

在亚里士多德那里，本体就是存在，本体就是原因。这样，本体也就是真理。实存者的本体同其固有属性结合成命题。他正是表明，真理

---

① Aristotle: *Metaphysica*, 1010^{a}26–38.
② Op. cit., 1051^{a}34–1051^{b}1.
③ Op. cit., 993^{b}23–31.

在于这种主项谓项结合。他就此写道:"至于对应真理的'存在'和对应虚假的'不存在',在一种情况下,若主体和属性确实相结合,则就有真理,而若它们没有结合,则就是虚假。在另一种情形里,如果对象实存,则它就以特定方式实存,而如果它不以这种方式实存,则它就根本不实存。真理意味着认识这些对象,而虚假并不实存,虚假也不是谬误,而只是无知——不是盲目那样的无知。因为盲目迹近完全没有思维能力。"① 实存者总是唯以范畴命题的模式实存,也唯其如此,才有其"存在",才有真理性。他还写道:"一个东西是在是真实的意义上存在还是在是虚假的意义上不存在,乃取决于结合和分离,而真实与虚假一齐取决于一对矛盾判断的分派(因为真实判断在主项和谓项确实结合的地方做肯定,在它们分离的地方做否定,而虚假判断则反向分派)。"② 这就是说,主项作为"本体"和谓项作为"固有属性"的结合作为必然结合——范畴命题展现了实存者的真理性和存在(实存)两者之本质相关:真理性建基于实存性,实在性又蕴涵真理性。

总之,实存者的本体缘于作为本原和原因而具有真理性,而这由其本体同其固有属性结成主—谓结构范畴命题,作为其实存模式来展现。这是实存者"本体—性质"模式的范畴命题逻辑的一条重要的形而上学原理。值得指出,康德所说的"普通逻辑"认为,逻辑是思维真理性的学说,而命题的真理性在于同经验事实符合。显然,亚里士多德的形式逻辑的范畴命题真理学说揭示了普通逻辑命题真理观的形而上学底蕴。

(3)亚里士多德表明,实存者本体和属性的结合乃是"谓述"这种必然逻辑联系,它支撑着范畴命题的"主—谓结构"。

他表明,范畴体系作为对存在意义的把捉,是实存者在"存在"即"本体"层面上的逻辑展开,"存在"意义尽显其诸多种类,并以"谓

---

① Aristotle: *Metaphysica*, 1051^{b}33–1052^{a}3.
② Op. cit., 1027^{b}17–23.

述"这种逻辑联系结体成范畴命题。此即实存者的实存模式。范畴命题逻辑在于把实存者实存的意义出之以以"本体"为中心即作为主项,其他九种范畴作为谓项去谓述主项的逻辑形式,由此展现了实存者之本体及其固有属性。他写道:"本质存在的种类恰是谓述样式所指示的那些。因为,'存在'的意义一如这些样式那般多。有些谓项指示主项是什么,有些指示它的性质,有些指示数量,有些指示关系,有些指示主动或被动,有些指示它的'地点',有些指示它的'时间',所以,'存在'总有一种意义来回应这些样式之每一种。"① 这表明,"九范畴"是九种"谓述样式"。范畴命题作为实存者实存模式,其关键在于"谓述",它是对实存者的本体及其固有属性间的必然联系的逻辑—语言表达,撑起命题的"主—谓结构"。

范畴命题的主项(一):"第一本体"作为实存个体的原因和本原

范畴命题以其主—谓结构呈现实存者的"本体—性质"实存模式。它的主项、谓项和两者间的谓述关系——必然联系不是任意的,皆完全由实存者之存在即本体的意义从形而上学层面决定和规定,也可以反过来说,规定者由被规定者表现出来。从这里尤可看出,形式逻辑通体浸透了形而上学意味。这里先来研讨范畴命题的主项。

形而上学从存在即本体来建构实存者,把实存个体的本体把捉为它实存的原因和本原,也就是说,实存个体就知识而言以其本体——"第一本体"实存,这"所实存的东西"便是范畴命题的主项——命题所断言的"什么"。

亚里士多德表明:"第一本体"缘于绝对在先而成为绝对主项。

首先,亚里士多德指出,"本体"相对于其他"九范畴"是在先的:

---

① Aristotle: *Metaphysica*, 1017ª22-28.

"好，说一个事物是第一的，这有若干种意义。然而，本体在一切意义上都是第一的——1.在定义上，2.在认识次序上，3.在时间上。因为，就3而言，其他范畴没有一个能独立实存，而只有本体能这样。1 在定义上，这也是第一；因为在每个词项的定义中，都必定会出现它的本体的定义。而 2 当我们认识每个事物时，我们认为认识得最充分，是在我们认识它是什么，例如人是什么或者火是什么的时候，而不是这样的时候：我们认识它的性质、它的数量或它的位置时。因为，只有当我们认识数量或性质是什么时，我们也才认识这些谓项的每一个。"① 这里说的"本体"不分"第一"和"第二本体"，而如上所述两者在在先性上有着根本性差异。

其次，他强调，"第一本体"作为实存个体的本体，是绝对实存者，有着形而上学意义上的绝对在先性，而"第二本体"是从"第一本体"派生的。亚里士多德表明："在另一意义上，对于认识在先的东西也被看作为绝对在先的。这些东西中，定义上在先的事物并不同对知觉关系上在先的事物相吻合。因为，在定义上，普遍在先，在对知觉关系上个体在先。"② "第一本体"作为个体的"可感本体"正是对知觉关系上的绝对在先的，而"第二本体"作为普遍的东西即类的本质，是定义上在先即逻辑上（狭义）在先的。尤其是，"第二本体"之在"定义上在先"意味着做谓项，定义是对作为被定义者的主项做谓述。

最后，他陈明，"第一本体"作为绝对在先者而只做主项，不做谓项。他说："本体，就这词的最真确的、原初的和最确定的意义而言，乃是既不能谓述一个主项，也不依存于一个主项的东西。例如，个体的人或马。"③ 同时，值得注意，他表明，"第二本体"所以是本体，乃缘于

---

① Aristotle: *Metaphysica*, 1028ᵃ30-1028ᵇ2.
② Op. cit., 1018ᵇ30-34.
③ Aristotle: *Logica · Categoriae*, 2ᵃ11-13.

第二章　形式逻辑作为形而上学：实存者的哲学建构

它作为谓项乃"普遍地谓述"个体，说明个体"是什么"即其本质。（这一点下面还要详细研讨。）他就此写道："因为，我们乃通过陈明种或属来恰当地定义任何个别的人；而且，我们陈明种比诸陈明属，将定义变得更确切。我们陈明所有其他东西，诸如他是白的，他奔跑，如此等等，都同定义无涉。所以说，除了第一本体外，只有这些可以合理地称为本体。"①

范畴命题的主项（二）："第二本体"作为知识目标

追问独立实存的个体，找到作为其本原和原因的"可感本体"。然而，知识超越经验个体而是普遍的东西，若此就找到个体总是结成的"类"，这就是"种"和"属"即"第二本体"。它是类之全部个体成员的共同本质，普遍及于所有个体，又尽脱"第一本体"的核心"基底"所包含的质料，让本质出之以纯粹形态。既然个体以本原和原因相同而结成类，所以，"第二本体"的本质也就是类所包含的诸个体的本质。这就是说，认识了"第二本体"，也就认识了"第一本体"。这样，"第二本体"也成了命题所断言的"什么"。于是，这种贯通把"第二本体"送上了范畴命题"主项"的地位。

（1）亚里士多德表明，个体事物之外还有类的存在，它是知识的目标。

亚里士多德往往在两种意义上使用"属"。一是广义，它一般地指代"类"；一是狭义，它与"种"对举，是"种"的上位。他强调，"第二本体"作为类是对同类无限多个体的超越。他对此做了详细阐释："如果说一方面个体事物之外一无所有，而个体又为数无限多，那么，怎么能获致无限多个体的知识呢？对于我们进行认识的所有事物来说，我们是就它们有某种统一性和同一性，就某个属性普遍地属于它

---

① Aristotle: *Logica · Categoriae*, 2^{b}32–37.

们而去进行认识的。不过，如果这是必然的，并且个体以外必定还有某种东西，那么，必然的是，个体之外还有属实存——最低的或最高的属。"① "再者，如果我们在最完全的意义上承认，每当有某种东西谓述质料时，具体事物之外就还有某种东西实存，那么，如果另有某种东西存在的话，则必定有某种东西在每一个体集合之外存在（这东西或者存在于某些而不是另一些个体之外，或者未离开任何个体）吗？如果个体之外再没有什么，那么，就会没有思维的对象，而一切事物都将成为感觉的对象，也就不会有关于任何事物的知识，除非我们说，感觉就是知识。此外，也不会有什么永恒和不动的东西了。因为，一切可感知的事物皆会消亡，处于变动之中。可是，如果没有永恒的东西，就不可能有进行生成的过程。因为，必定有某种东西在进行生成，也即某种东西从中生成出来，而这个系列的终极项不可能完成生成作用，因为这系列有个极限，还因为没有什么东西能从乌有中生成出来。再说，如果有发生和运动存在，那么，必定也有个极限。因为，没有什么运动是无限的，一切运动皆有终结，并且，不能完成其进行生成这种作用的东西不可能处于进行生成的过程之中；同时，完成了其进行生成之作用的东西必定在一旦完成时就存在。此外，既然质料实存着（因为它不是生成的），所以，更其合理的是，本体或本质，也即质料随时都在进行生成的那东西，必定实存着。因为，如果本质和质料都不存在，那么，就将一无所有，可是，这不可能，所以，具体事物之外必定有某种东西存在，即形状或形式。"②

总之，个体以外有类即属和种实存（尽管是在派生的意义上，即它们由实存个体集合而成），它们是思维认识的对象。属和种作为"第二本体"，是纯粹的形式和本质，同类成员个体的"第一本体"皆共同于

---

① Aristotle: *Metaphysica*, 999^{a}26-32.
② Op. cit., 999^{a}33-999^{b}17.

它。这就是说,"获得了种(事物按其命名)的知识,也就是获得了事物的知识"①。当然,和个体一样,类作为本体亦是范畴命题的主项:命题所断言的对象即"什么"。

(2)亚里士多德强调,类作为"第二本体"乃是"属",而"属"是所有本质属性构成的一元体。

亚里士多德表明,类作为"第二本体",尽管不若个体而不是实体,但又区别于"存在""统一"和"一"乃至抽象笼统的"本体";因为它毕竟是一个一个的个体集合。他就此写道:"这样,如果说普遍不可能是一个本体(如我们讨论本体和存在时所说过的),如果存在本身不可能是一个一之同多相分离的意义上的一个本体(因为它是多所公共的),而只是一个谓项,那么,显然统一也不可能是一个本体;因为存在和统一是一切谓项中最普遍者。因此,一方面属不是同其他事物相分离的确实的实体和本体,另一方面,一不可能是一个属,其原因一如存在和本体之不可能为属。"②属与属有差异,属所包括的种之间也有差异,这些保证属和种是一个一个的本体和本原。存在和统一没有这些,所以不是本原和本体。他写道:"说统一或存在应当是个单一的事物属,这不可能。因为,任何属的差异都必定各有其存在,且都是一,但属不可能(属的种犹然如此)抛开它的种而让它自己的差异来谓述。因此,如果统一或存在是个属,那么,差异就会既没有存在,也不是一。不过,如果统一和存在不是属,那么,它们也都不会是本原,若属是本原的话。"③"第一本体"和"第二本体"作为本体和本原都是从存在和统一出发,基于实存个体及其类的同一和差异去做精致形而上学也即形式逻辑建构而得出的产物。

---

① Aristotle: *Metaphysica*, 998^{b}7-8.
② Op. cit., 1053^{b}16-23.
③ Op. cit., 998^{b}22-28.

亚里士多德强调,"属"作为本体在于它是所有本质属性的完整一元体。本体是一元体,"属"和"种"作为"第二本体"同样如此。他说:"一般说来,那些被认为其本质不可分的、不可能在时间或地点或者定义上分离的事物,它们基本上是一,其中那些作为本体者尤为如此。因为,一般地,那些不允许划分的事物都就它们不允许这样而言被称为一。例如,如果两个事物作为人是没有区别的,则它们就是一种人;若作为动物,便是一种动物;若作为量,便是一种量。现在大多数事物所以称为一,是因为它们处置、拥有、遭受或者关涉别的是一的某个事物,但原初称为一的事物乃是那种其本体为一的东西——并且是在连续性、形式或定义上为一。"①

"属"和"种"作为本体的一元性在于它们是类所拥有的全部本质属性的统一体。他以"定义"来阐明这一点,因为"定义"是本质属性和类本体的加成。他写道:"其表式我们称之为定义(如在人的情形里即为'两足动物')(令这是人的表式)的东西,其统一性何在呢?那么,为什么这是一而不是多即'动物'加'两足的'?因为在'人'和'苍白的'的情形里,当一个项不属于另一个项时,就有多;而当它属于,并且主项人拥有一个确实属性时,就有一。因为,这时统一性产生,我们便有'苍白之人'。另一方面,在目前的情形里,一个项并不分有另一个项;属并不被认为分有它的种差(因为这样同一事物将分有相反者;因为属据以被划分的各种差是相反的)。此外,即便属分有它们,同样的论据也还适用,因为人那里有的种差有许多,如有足、两足、无羽毛。为什么这些是一而不是多呢?这不是因为它们在一个事物上;而是因为,在这本原上一个事物的全部属性可搞成一个统一体。"② 这就是说,"定义"的逻辑表现出,事物之全部本质属性乃构成其本体。

---

① Aristotle: *Metaphysica*, 1016^{b}1-9.
② Op. cit., 1037^{b}10-24.

第二章　形式逻辑作为形而上学：实存者的哲学建构

此外，"属"作为本质属性构成的一元体即本体还具有完整性：这一元体为"属"的全部个体成员所公共，或者说对它们都是真实的。亚里士多德说："那对一个完整的类是真实的并被说成是作为一个整体（这意味着它是一种整体）而有效的东西在这样的意义上对一个整体来说是真实的：它通过谓述许多事物之每一个，并通过让它们（如人、马和神）全都各别地成为一个单一事物（因为它们全都是动物）而包含它们。"①

"属"作为诸多本质属性构成的统一的完整的一元体，是实体，是本体，除了不包含质料，这本体之地位如同"第一本体"，也是范畴命题的"主项"充任者。

（3）亚里士多德表明，"属"和"种"之间有着互为对方之部分但"种"由"属"规定的关系，因而"种"作为主项更比"属"强。

他写道："一个种类除了可从数量上划分之外，还可划分成元素，后者也称为它的部分。由于这个原因，我们说，种是属的部分。"② "解释一个事物的定义中的元素也是整体的部分。由此之故，属被称为种的一个部分，尽管在另一意义上种是属的部分。"③ 显然，从外延和指云来说，"种"是"属"的部分，而从内涵和含义来说，"属"是"种"的部分。全部指云对象即个体构成外延。这是一个"属"，它包含若干个"种"，它们都是这"属"的组成部分。"属"这范畴的内涵也就是这语词的含义。"种"的内涵和含义包括两部分：一是它和同"属"其他种共同的部分，即"属"的内涵和含义；二是和它们不同的部分即所谓"种差"。若此，"属"是"种"的部分。然而，正是缘于此，"属"乃决定或者说规定着"种"。

---

① Aristotle: *Metaphysica*, 1023^{b}28-32.
② Op. cit., 1023^{b}17-19.
③ Op. cit., 1023^{b}22-25.

亚里士多德表明，认识个体乃通过认识它所属的"种"。"种"是由"属"规定的，所以，认识了"属"，才认识了"种"。"种差"是就诸"种"所属的"属"而言的差异。因此，"属"是把捉"种"的"出发点"。他写道："如果我们由每个事物的定义来认识它，并且属是本原和定义的出发点，那么，属必定也是可定义事物的本原。并且，如果获致关于命名事物的种的知识，也就是获致关于事物的知识，那么，属至少是种的出发点。"①

总之，"种"乃由"属"谓述，而它并不谓述"属"，同时，认识个体转归于认识"种"，因此，"种"在作为本体而充任主项上面要强于"属"。显然，这里"种"和"属"都取狭义即本义。"属"作为本体之标识，如前所述，乃取广义即作为"类"。下面研讨"范畴命题的谓项"，所谓"四谓项"所列入的"属"亦复如此。

范畴命题的谓项："十范畴"和"四谓项"

亚里士多德以"十范畴"和"四谓项"建构起范畴命题谓项的学说。"十范畴"代表十类谓项。"本体"这范畴原本是只充当主项的。但是，"第二本体"却也可以充当谓项。"第二本体"已不是原初意义上的本体，如前所述，它实际上是脱尽"质料"的纯粹"本质"。这样，"本质"加上原先的"性质"等九范畴，就有"十范畴"充任谓项。亚里士多德又表明，另一方面，范畴命题的谓项包括四种"序列"：属、定义、特性和偶性。前两者即为"第二本体"的化身。特性是实存个体因其存在本性而具有的，偶性则是其所具有的知识范围以外的属性。范畴命题谓项之按"十类别"和"四序列"的配置乃受实存个体的实存模式之形而上学本性支配。至于范畴命题的主项（"第一"和"第二本体"）和谓

---

① Aristotle: *Metaphysica*, $998^b 4$–9.

第二章　形式逻辑作为形而上学：实存者的哲学建构

项（"十类别"和"四序列"）的搭配，就更其如此。

（1）亚里士多德以"十范畴"和"四谓项"构筑范畴命题谓项的学说。

他就此写道："我们必须区分开谓项（业已查明，它们有这里研讨的四种序列）。这些谓项共有十类：'本质''数量''性质''关系''地点''时间''姿态''状况''活动'和'承受'。因为，任何事物的偶性、属、属性和定义都将总是落在这些范畴之一上面：由它们提供的一切命题皆标示某事物的本质或者它的性质或数量或某种其他类型谓项。明面上看，也显而易见的是：意欲表示某事物本质的人所表示者，有时是一个本体，有时是一种性质，有时是某个其他类型谓项。因为，当一个人在他面前，并且他说，面前有'一个人'或'一个动物'时，他是在陈述它的本质，表示一个本体；但当面前有个白颜色，并且他说，面前有'白色'或'一种颜色'时，他是在陈述它的本质，表示一种性质。同样，如果他面前有一个量1肘尺，并且他说，面前有个量1肘尺，那么，他也将是在描述它的本质，表示一个数量。同样，其他情况下亦复如此：因为，这些种类谓项的每一种，如果它被自己断定，或者它的属被它断定，那么，它表示一种本质；另一方面，如果一种谓项被另一种谓项断定，它并不表示一种本质，而是一种数量、一种性质或者其他种类谓项之一。"① 这段话里重要者有三点。

首先，"十范畴"中"本体"的位置现在易为"本质"。"本体"在原初意义上为"第一本体"即个体的本体，它是绝对主项，不会做谓项。"第二本体"即类的本体可以做主项，同时，作为纯粹本质，也可做谓项。现在，用"十范畴"和"四序列"建构谓项，"本体"自然就由"本质"代入。

其次，"十范畴"充任谓项，乃按"四种序列"去构成范畴命题。

---

① Aristotle: *Logica · Topica*, $103^b 20$–38.

"这是一个人",即说明对象(主项)的"本质"和"属"并表示一个本体。"肘尺是个量",则说明主项"肘尺"的本质和属,以及表示"数量"(而不是本体,其"本质"也不是本真"本质")。这些命题乃用"本质"和"属"两个序列的谓项。"特性"和"偶性"这两种序列的谓项乃运用"性质"等九种范畴描述主项。

最后一点需要在下面单独加以说明。

(2)亚里士多德强调,必须区别"本体"之作为"本质"以及"性质"等九范畴之作为"本质",尤其就它们充当谓项而言。

在刚才的那段引文中,亚里士多德表明,"十范畴"既为范畴(最高概念),故都是"本质"。但是,本体作为"本质"才是"本质"之本义,即"是什么"或者"所是者"。"性质"等虽也有"本质",但如同毛之于皮,不是本体,而是依存于本体(包括"第一本体"和"第二本体")。因此,他强调,严格意义上只有"本体"才有"本质"。他说:"'一个事物所是者'在一种意义上意味着本体和'这个',在另一种意义上意味着谓项数量、性质等等中的某一个。因为,如同'存在'虽然属于所有事物,但不是在同样意义上,而是原初地属于一种事物,又在次级意义上属于他种事物,同样,'一个事物所是者'也在单纯意义上属于本体,但在有限意义上属于其他范畴。因为,甚至对一个性质,我们也可以问它是什么,以致性质也是一个'一个事物所是者'——但不是在单纯意义上,而是一如在那不存在的东西的情形里,有人强调语言形式而说,那不存在的东西是存在的——不是单纯地存在,而是非实存地存在。性质也是如此。"①

"本体"的本质乃以定义为表式,其意义完全而绝对地确定。那么,"性质"等范畴在次级意义上具有本质,它们两者差别何在呢?他写道:

---

① Aristotle: *Metaphysica*, 1030ª19—27.

第二章　形式逻辑作为形而上学：实存者的哲学建构

"既然我们使用的语言已一清二楚，所以，本质将一如'一个事物的所是者'，也原初地在单纯意义上属于本体，并且还次级地也属于其他范畴——不是单纯意义上的本质，而是一个性质或者一个数的本质。我们说这些'是'本质，其方式必定要么模棱两可，要么增减'是'的含义（其方式一如可以把未知的东西说成是已知的）——真相是，我们运用这词，既不是模棱两可，也不是取相同意义，而是一如我们对'医疗的'这词的应用，这是凭借指涉同一个事物，而不是表示同一个事物的意义，也不是模棱两可地言说。因为，一个病人、一次手术和一具器械被称为医疗的，这样说不是模棱两可，也不含单一意义，而是指涉一个共同目的。不过，喜欢用这两种方式的哪一种来描述这些事实，这无关宏旨。"① 这就是说，"性质"等九范畴的"本质"没有确定的意义，要视所谓述的"主项"而定，如引文中所举例中，"医疗的"的本质之意义依主项为"病人""手术"还是"器械"而定，其"本质"之确定止于保证指涉同一个事物（即"医疗的"）。显然，这"本质"的表式不是定义。

（3）亚里士多德还强调，必须区分开事物固有属性所包含的本质属性和非本质属性两个不同部分。

他就此写道："任何事物所特有的东西，它部分标示事物的本质，而部分不标示本质，所以，让我们把'特有之点'划分为上述两个部分，称指明本质的部分为'定义'，而对那剩下的部分则采用目前通行的关于这些东西的术语，称之为'特性'。于是，我们以上所表明了，按照我们目前的划分，结果表明总共有四种元素，即特性、定义、属或偶性。"② 本质属性划为"定义"，也就是说，它们构成"本质""本体"，在谓项序列中属于"定义"/"本质"那一类。事物属性此外剩下的部分虽非本质的，但也是事物出于存在本性而拥有的，故称为"特性"，区

---

① Aristotle: *Metaphysica*, 1030^{a}28–1030^{b}5.
② Aristotle: *Logica · Topica*, 101^{b}19–25.

别于"偶性"。他还对之做了进一步界说:"一个特性是一个谓项,它不指示一个事物的本质,但仍独一地专属于该事物,并且后者可互换地谓述它。例如,'是能够学习语法的'是人的一个特性。因为,如果 A 是一个人,那么,他是能够学习语法的,并且,如果他是能够学习语法的,那么,他是一个人。因为,任何东西若能够属于另外某个东西,就不会有人称它为一个'特性'。例如,在人的情形里的'睡'就如此,即便在某个时候它可能恰巧独一地专属于他。这就是说,如果任何这样的东西实际上被称为一个特性,那么,它不会被绝对地称为一个'特性',而称为一个'暂时的'或一个'相对的'特性。"① 如前所述,亚里士多德表明,形而上学研究事物的"本体"即"本质"和因自身存在本性而拥有的"属性",它们也正是知识的对象和内容。这"属性"确切说正是这里所说的"特性"。至于"偶性",它不是知识的目标和内容。

"实存个体—本质／属序列"结构范畴命题:个体的本质普遍性及其类成员身份

现在转入研讨基于"十范畴"和"四序列"的谓项逻辑以及之前表明的主项逻辑,范畴命题如何建构实存个体的实存模式。鉴于"偶性"不属于知识范畴,可以表明,有三种类型范畴命题呈现实存者的三种必然实存模式。这里先论述第一种即本标题所指涉者。

(1)亚里士多德表明,"本质"纳入"属"序列直接谓述实存个体,从而形成的范畴命题乃把个体从其本体上去同类的"第二本体"递等地关联起来,同时又确立个体成员和类的隶属关系。

实存个体的实存模式是对现成知识的体现。知识是对普遍东西即

---

① Aristotle: *Logica · Topica*, 102ᵃ18-26.

第二章　形式逻辑作为形而上学：实存者的哲学建构

"第二本体"的把捉，而这知识终究是关于实存个体之本体即"第一本体"的认识。这普遍知识是科学发现的产物。所以，就现成知识而言，也即在辩护脉络里，它是在先的东西，正因为如此，它才能去"谓述"个体。这样形成的范畴命题以作为"属"的"本质"所充当的谓项赋予个体以"本质"普遍性。亚里士多德就此写道："我们必须不仅提出这些关于第一本原的问题，而且也要问问它们是普遍的东西还是我们称为个体的东西。如果它们是普遍的，那么它们将不是本体。因为，一切共同的东西都不表示一个'这个'，而是表示一个'这样的东西'，但本体是一个'这个'。而如果允许我们断言：一个公共谓项是一个'这个'和一个单一东西，那么苏格拉底将是各别动物——他自己、'人'和'动物'，如果这些每一个都表示'这个'和一个单一东西的话。可见，如果本原是普遍东西的话，那么，这些结果将接踵而来。如果它们不是普遍东西，而是个体性的，那么，它们将不是可认识的。因为，关于任何东西的知识都是普遍的。因此，如果说有认识本原这回事的话，那么就必定有着先于它们的其他本原，也即那些普遍地谓述它们的本原。"[1] 这里"它们"指"第一本原"，"先于它们的其他本原"则是"第二本体"即"普遍东西"。"我们说的普遍东西，是指可谓述个体的东西。"[2]

这样的谓项看似直接谓述个体，其实，它是从"本质"谓述个体，故而这主项实际上是个体的本体即"第一本体"。所以，亚里士多德指出，"有些属直接谓述个体"[3]。同时，"属"是从规定个体的本质而谓述它的。他写道："一个'属'是按本质范畴谓述在种类上显示出差异的许多事物的。我们应当把所有这些东西皆视为按本质范畴的谓项，即那

---

[1] Aristotle: *Metaphysica*, 1003^{a}5-17.
[2] Op. cit., 999^{b}35-1000^{a}1.
[3] Op. cit., 998^{b}16.

些在回答问题'你面前的对象是什么？'时可以被恰当地提出去作答的东西。例如，在人的情形里，如果问到这个问题，那么，说'他是一个动物'，就是恰当的。问题'一个事物是属于与另一个事物相同的属，还是属于不同的属？'，也是个'属'的问题；因为，一个这种问题也属于同属一样的探究分支：在证明了'动物'是人的属，也是牛的属之后，我们也就证明了，它们属于同一个属；然而，如果我们表明，它是一者的属，而不是另一者的属，那么，我们也就证明了，这些事物不属于同一个属。"① "本质"作为"属"去谓述实存个体，乃从本体层面规定了实存个体"是什么"。显然，这样的范畴命题同时确立了个体之作为类的成员的地位，表明它们所组成的"类"，并且是从本体层面来确立。（例如，一个一个"他"从其本体上属于"动物"这个类。）

可以看出，"实存个体（主项）—本质作为属（谓项）"结构的命题乃从范畴命题层面展现实存者的"个体—类"格局，由此表达了个体之有着本质普遍性。这具有极其重要的形而上学意义。因为，否则，"如果一整个集合的个体没有共同的东西的话，将何以有认识存在"②？另一方面，更重要地，此类型范畴命题乃展现了实存个体的"本体—性质"实存模式。在这主—谓结构中，如上所述，作为主项的实存个体实为内在于其的"第一本体"，而谓项本质乃是本质属性的集合。可见，本结构范畴命题乃展现实存个体在本质层面的实存模式。这是三种必然实存模式之一。

此外，这类范畴命题作为"第一本体"即在本质层面的实存模式还把它的"三加一"个本体标识集于一身，并且表达了它们四者的逻辑关系：实存个体之"可感本体"作为主项，其基底作为形式和质料的复合体，乃由一体化为"属"的"三标识"作为谓项予以说明。

---

① Aristotle: *Logica · Topica*, 102^{a}31-102^{b}3.
② Aristotle: *Metaphysica*, 999^{b}26-27.

第二章　形式逻辑作为形而上学：实存者的哲学建构

（2）亚里士多德表明，就知识而言，越是切近个体的类（如种比属更切近个体），就越适合于去谓述个体主项。

他写道："事物的本原和元素是属，还是每个事物中存有的、它被划分而成的各个部分？如果它们是属，那么，它们是最切近地谓述个体的属还是最高的属，例如个体实例的第一本原且较为独立者是动物还是人？"[①] 他的另一段话似乎回答这个问题："这些［指最高的属——引者］将证明原来是存在和统一性；大多数人可能认为这些包容一切存在的东西，最像是本原，因为它们本性上就是原初的；因为如果消亡了，那么，所有其他事物也都随之被消灭；因为每个事物都存在，并都是一。不过，如果人们以为存在和统一性是属，则它们必定能谓述属差，可是属不可能谓述任何属差，有鉴于此，看来我们就不应当让它们成为属或本原。再者，若较简单者比较不简单者更是本原，同时属的各个基本成员比属简单（因为它们是不可分的，但属可划分成许多不同的种），那么，不是属，而是种，才也许是本原。但是，鉴于种牵连进属的毁灭，所以说属更像是本原。因为，那把另一者牵连进其毁灭的东西是这个另一者的本原。"[②] 最高的属作为存在和统一性如前所述，太过笼统而不能作为"本体"。只有"种"和"属"两者可以作为本质去谓述个体。这两者比较，尽管从生灭层面看，"属"似乎更具本原相，但凭着"种差"，唯有"种"可以最切近地直接谓述个体。前面提到他说"属"直接谓述个体云云，那"属"显然是广义的，相当于"类"。

他还强调，"种"所以最切近地谓述个体主项，还在于能带来更大的主谓项统一性。他就此写道："如果说统一性更带本原的本性，不可分的东西是一，并且每个不可分东西都在量上或者在种上是如此，同时在种上如此的东西是在先者，属可以划分成种（因为人不是个体人的

---

① Aristotle: *Metaphysica*, 995^{b}27-31.
② Op. cit., 1059^{b}28-1060^{a}1.

属),那么,直接谓述个体的东西将有更大的统一性。"①

"类—本质/定义序列"结构范畴命题:类的本体即本质

本类型范畴命题是实存者的本体作为知识对象即纯粹本质的实存(派生意义上的)模式。它的主项为"种",也即最切近个体的类,是前述类型范畴命题中的谓项。谓项则是"本质",它以"定义"为表式,由"种差"和"属"(本义上的)构成。两者各带一定的适当性条件,以之保证整个定义成为统一体。同时,两者之间又有着深刻的形而上学关系。

(1)亚里士多德表明,类为主项的命题,其谓项乃是纳入定义序列的即以之为表式的本质。

亚里士多德强调,唯有类才有"本质",确切地说,其本体即"第二本体"才是纯粹的本质,因而才有定义,因为定义乃是本质的表式。他说:"凡不属于某属的某种的东西都不会有本质——只有种才会有本质。"②"定义是本质的表式,本质专一地或者主要地原初地且在不加限定的意义上属于本体。"③"唯有那些其表式为定义的事物才有本质。"④这就是说,只有本体,"第一"和"第二本体"所共通者,才有本质,才有定义。他表明,"第一本体"包含"基底"即质料,因而不是纯粹本质,某种意义上也可以说没有本质或者不是本质,自然也就谈不上有定义,所以不能由以定义为表式的本质,而只能如上所述由属来谓述。他写道:"'是一个圆'乃等同于圆,'是一个灵魂'等同于灵魂。不过,当我们谈及具体事物例如这个圆,即个体的圆之一,不管是可感知的

---

① Aristotle: *Metaphysica*, 999ᵃ1-6.
② Op. cit., 1030ᵃ12-13.
③ Op. cit., 1031ᵃ13-14.
④ Op. cit., 1030ᵃ6-7.

第二章　形式逻辑作为形而上学：实存者的哲学建构

还是可理知的（我说的可理知的圆指数学的圆，可感知的圆指青铜和木头的圆）时，这些东西就没有定义，但它们是借助直观思维或知觉而被认识的。当它们脱离这种完全实现时，就不清楚它们还实存与否。不过，它们总是利用普遍表式而得到陈述和识别。但质料本身是不可认知的。有些质料是可感知的，有些是可理知的，可感知的质料举例说来有青铜和木头以及一切可改变的质料，可理知的质料则是存有在可感知事物之中的东西，而不是可感知事物本身，也即数学的对象。"① 他指出，应当从"可感本体"区分出形式和普遍的部分。他说："'一部分'可能是形式的（即本质的）部分，也可能是形式和质料的复合，或者就是质料本身。但是，只有形式的部分是表式的部分，而表式又是关于普遍的。"② 总之，"哪一种部分属于形式，哪一种不属于形式，而属于具体事物……如果这问题没弄清楚，则就不可能定义任何东西；因为定义是关于普遍和形式的"③。无疑，这"形式""普遍"的部分，也即那纯粹"本质"正是托体于"第二本体"——"种"和"属"。"种"做"主项"，以"定义"为表式的"本质"做谓项，这样形式的范畴命题正是对作为知识目标的本体即本质本身的表达。这是实存者三种"本体—性质"实存模式的又一种。这里是"第二本体—本质属性集合"结构，"实存"则是派生意义上的。同时，显而易见，此型范畴命题集"第二本体"的"三标识"于一体。此外，这种范畴命题仅仅涉及类及其本体即本质，不若另两种范畴命题同时还涉及个体和现象（特性）。

（2）亚里士多德表明，这种类型范畴命题乃是主项为"种"、谓项为"属加种差"的二项统一体。

如前所述，亚里士多德指出，应当用"种"谓述个体。同时，现在

---

① Aristotle: *Metaphysica*, 1036^{a}1–12.
② Op. cit., 1035^{b}32–35.
③ Op. cit., 1036^{a}27–29.

作为谓项的定义由"属"和"种差"两项构成。这就决定了本类型范畴命题主项的"第二本体"应为"种"。他强调，作为谓项的定义是"属"和"种差"两者的统一体。他就此写道："毫无疑问，定义中的全部属性必定为一；因为，定义是一个单一表式，是一个本体表式，由此之故，它必定是某一个事物的一个表式；因为，如我们所力主的，本体意味着一个'一'和一个'这个'。"① 关于定义的这种统一性，亚里士多德还表明，定义的两个部分即"种差"和"属"共同构成"种"的"本质"即本体。（这里应注意定义中的"属"乃是着眼于表达内涵即本体，不同于"四谓词"中的"属"着眼于指云外延即类。）他强调，两者地位相等又统一于构成"本质"。显然，如前所述，"种差"是真正意义上的"本质属性"，区别于"固有属性"。他写道："种差在应用于一个类（即一个属）时也应当视为同该属并驾齐驱。"② 他还从语言层面指出，定义的统一性在于表达为一个短语。他说："一个'定义'是一个短语，标示一个事物的本质。它出之以代替一个词项的一个短语或者取代另一个短语的一个短语的形式，因为有时也可以定义一个短语的意义。"③

不过，亚里士多德也指出，"种差"和"属"是不同的。他表明，两者有三类差异："有人认为，种差也是一种按照本质范畴对各种不同种的谓述，因此，你应当运用前述基本原则把属同种差区分开来。1. 属有着比种差更为宽广的外延；2. 在表现一个事物的本质时，陈明属比陈明种差来得更合适，因为，一个人说'人'是个'动物'，表明了人是什么，这总比他描绘人'行走'来得好；以及 3. 种差总是标示属的一个性质，而属并不对种差这样做；因为他说'行走'，乃描述一个动

---

① Aristotle: *Metaphysica*, 1037^{b}24–28.
② Aristotle: *Logica · Topica*, 101^{b}18–19.
③ Op. cit., 1016^{b}38–102^{a}2.

第二章 形式逻辑作为形而上学：实存者的哲学建构

物的某一性质，而他说'动物'，则并未描绘一个行走事物的一性质。"①总之，虽然在定义中，"属"和"种差"地位相同，但两者还是不同的，"属"比"种差"更好地表现本质，外延也比后者宽，同时，"种差"只是表示"性质"。

（3）亚里士多德表明了定义中属和种差的适当性及其相互关系。

这里，他有丰富的思想。

（i）定义的构成和特征。定义由"属"和"种差"构成。其中，"属"是定义的首要环节，因为它是"本质"的主要规定。要把"被定义的对象置于属之中或者说置于适当的属之中（因为定义的构造者应当首先把对象置在它的属之中，然后添加上它的种差：因为在定义的所有元素中，属通常据认为是被定义者的本质的主要标识）"②。总之，"属是本原，也即定义的出发点，属必定也是可定义事物的本原"③。当然，如前所述，定义的另一个成分"种差"也同等重要，因为，"如果一个人没有用对象特有的种差来定义它，或者所提到的东西根本不可能成为某东西的一个种差，例如'动物'或'本体'，那么，显然，他根本还没有定义它"④。一个属总是划分成若干种，这种划分依据"种差"进行。一个"种差"只有同划分据以做出的其他种差相协合，才能起这种划分作用。例如，"动物"的划分，其种差就包括"行走""飞翔""水生"和"两足"。这样的"种差"是属的"特定种差"。把这样一个"种差"添加到"属"上去，也就造成了一个"种"，显然也就构造了一个定义。⑤

定义的特征主要为三条：表本质，独特性和普遍性。定义是本质的表式，它是被定义者（"种"）所特有的。这在前面已说得很清楚。普遍

---

① Aristotle: *Logica · Topica*, 128^{a}20-29.
② Op. cit., 139^{a}28-32.
③ Aristotle: *Metaphysica*, 998^{b}5-7.
④ Aristotle: *Logica · Topica*, 143^{a}31-33.
⑤ 参见 Op. cit., 143^{a}29-143^{b}11。

性同样是题中应有之义。个体无定义，定义是"种"的定义，自然普及"种"的所有成员，比如"'人'的定义应当对于每个人都是真的"①。

（ⅱ）"属"的适当性。对个体主项的谓述，应当运用最切近的"种"。同样，定义中用的"属"也有恰当性问题：首先应当把被定义的对象"置于适当的属之中"②。适当的属又是怎样的呢？一个下定义者，"如果他在定义比如正义时，把它定义为一种'产生平等的状态'或'破坏平等的状态'，从而所用语言违拗了他所定义的事物的属，因为他这样下定义，便越出了德性的范围，因而无视正义的属，那么，他便未能表达它的本质，因为一个事物的本质在任何情形里都必定引入它的属。若不把对象置于它最近的属，则结果也是这样。这是因为，把它置于最近的属之中的人已陈明了全部更高的属，由于全部更高的属都谓述较低的属。所以说，要么该把对象置于它最近的属之中，要么该把用以定义最近的属的全部种差都添加给较高的属。因为，若此他就不会弄丢任何东西，而只是用一个表达式而非名字来述及从属的属。另一方面，一个人仅仅单单述及较高的属，则他并未也陈明从属的属：一个人在说'植物'时，并未说明'一棵树'"③。总之，定义中的"属"应当采用最切近于被定义者即"种"的"属"。

这里必须指出重要一点。亚里士多德的分类范畴"属"和"种"是形而上学范畴，而非近代生物学的科学范畴。"属"是比"种"高的逻辑范畴，"属"可以划分为若干"种"。"种"对个体，是"类"，"属"是比"种"更高即更大的类，正是从这个意义上，"种"做主项，"属"谓述之。"本体四标识"中的"属"和"四谓项"中的"属"首先是"类"的形而上学"学名"，然后才是与"种"相对待的"类"。同时，"属"

---

① 参见 Aristotle: *Logica · Topica*, 139ª26。
② Op. cit., 139ª28。
③ Op. cit., 143ª15-28。

和"种"各自又都包括不同高低的亚类。总之,这一点对于我们索解亚里士多德的形而上学的即逻辑的类概念至关重要。

(ⅲ)"种差"的适当性。这适当性如前所述根本上在于"种差"在定义中乃按本质范畴谓述主项。并且,这种"种差"对于作为主项的事物具有唯一性。因为,"如果说一个定义是一个标示事物本质的表达式,其中包含的谓项应当也是唯一按本质范畴谓述事物的谓项,而属和种差就是这样按该范畴进行谓述的,那么,显而易见,如果认识到某某是仅有的按该范畴进行谓述的属性,那么,包含某某的表达式必然将是一个定义。因为,鉴于没有任何别的东西会按本质范畴谓述该事物,故任何别的东西都不可能成为一个定义"①。总之,作为主项的事物所特有的"种差"才能用来构成定义,因而也成为识别事物的本质及其定义的标识。"种差"的发现"帮助我们识别一个事物是什么,因为我们通常借助每个特定事物的种差来辨别出它的本质所专有的表达式"②。

(ⅳ)定义中"属"和"种差"的适当性关系和形而上学关系。定义中"属"和"种差"的关系首先在于它们构成二项统一体,这在前面已经研讨过。这里进一步讨论两者在定义中的适当性关系。"属"划分成诸多"种",这种划分是按"种差"做出的。"种差"首先必须是对象的本质属性,这样才能同"属"构成统一整体。问题是,"属"可以按多个"种差"加以层层划分,直到达致不包含种差的"种",而据以划分出这"种"的"种差"即"最后种差"才是所达致的"种"定义的构成部分。这就是"属"和"种差"关系的进一步适当性。亚里士多德就此写道:以"有足动物"为例,划分"过程总是想这样进行下去,直到达致不包含差异的种。于是,有多少种'种差',就有多少种足,而有足动物的种类在数目上等于种差。若果真如此,那么,显然最后的种差便

---

① Aristotle: *Logica · Topica*, 153^{a}15–23.
② Op. cit., 108^{b}3–6.

是事物的本体及其定义"[①]。

"属"和"种差"的这种关系适当性提示了,"定义"作为"种"的表式所具有的统一性之背后的"使然作用",亚里士多德表明,这是它们所结成的形而上学关系:"属"是"种差"的潜在性,犹如"质料","种差"则是"属"的现实性,犹如"形式"。亚里士多德就此写道:认清这一点似乎是个难点。"但是,如果如我们所说,一个元素是质料,另一个是形式,一者潜在地是,另一者现实地是,那么,这问题就不再目为难点。因为,这困难同若'圆的青铜'成为'斗篷'的定义则会引起的如出一辙。因为,这词将成为定义之表式的一个记号,以致问题成为:'圆的'和'青铜'两者统一的原因是什么?这个困难现在消失了,因为一者是质料,另一者是形式。那么,造成这个结果:曾经潜在地存在的东西现在现实地存在,其原因何在——除了动原外(在事物发生的情形里)?因为,潜在的球之现实地成为一个球,其原因无他,唯在于两者各自的本质。质料有的是可理知的,有的是可感知的,而在一个表式中,总是有一个质料的元素以及一个现实性的元素;例如,圆是'一个平面的图形'。可是,没有质料(可理知的或可感知的)的事物,每一者都凭其本性而本质上是一种统一体,如同它本质上是一种存在——个别的本体、性质或数量(因而不是实存的,它们的定义中也没有'一'呈现),它们每一者的本质皆凭其本性而是一种统一体,正如它是一种存在——因此,这些东西没有一个因其自身之外的任何理由而成为一,或者而成为一种存在;因为每一者都凭其本性而是一种存在和一种统一体,非如在属中不是在存在和统一能够离开特殊事物而实存的意义上是'存在'或'一'。"[②]

这里值得注意的是,亚里士多德引入了前面提到过的"可理知质

---

① Aristotle: *Metaphysica*, 1038^{a}15-20.
② Op. cit., 1045^{a}23-1045^{b}7.

料"。如前所述,"第二本体"乃赖于具有"三标识",而"第一本体"则又多了"基底",而它在某种意义上就在于"质料",后者是"可感觉质料"。"第二本体"本已具有"三标识",现在添上"可理知质料"就更增强其"本体"地位。当然,它是由"三标识"中的"属"来兼任的。问题是,"属"作为"质料"是"可理知的",故而是潜在的。就"第二本体"而言,"种"只有作为"属"的成员才能实存(在派生意义上)。"种"总是包括"属"(定义表达了这一点),在这个意义上,"属"犹如"第一本体"的质料。"属"由一个个"种"构成,后者以"种差"为表征,这样,"属"便为"种差"提供潜能,而"种差"本身便是潜在可能性的实现,即"属"的实现,犹如"形式"之于"质料"。总之,"定义"的两项所以统一,根源于它们是对"第二本体"的本质呈现这一形而上学事况。这里亚里士多德强调,要区别本质出于本性而具有的存在和统一以及"属"之依赖于其成员的存在和统一这两者。

"个体/类—性质/特性序列"结构范畴命题:实存者因存在本性而具有的非本质固有属性——特性即现象

"四谓项"中余下的两项特性和偶性可以视为对广义"性质"范畴即"九范畴"纳入特性序列之作为范畴命题谓项的把捉。特性和偶性作为谓项都构成范畴命题。问题是,如前所述,形而上学以其知识关怀揭示,实存者呈现为由其本体和出于其本性而具有的属性构成。这些属性包括本质的和非本质的两部分。本质的那部分之作为谓项上面已研讨过。非本质的部分即"特性"作为谓项、个体或类作为主项构成的范畴命题是实存者的三种实存模式之又一种,它展现了实存者出于其存在本性而具有非本质固有属性这种实存模式。本质属性构成本质,处于超越感觉的层面。非本质固有属性处于可感觉层面,实际上构成实存个体的现象。当这类范畴命题的主项为类时,作为谓项的特性乃是"可理知的"，是类因其本质而必然有的属性。当然，这命题作为实存模式亦是从"个体—特性"命题派生的。可理知的特性是对可感知的特性的超越。至于偶性作为谓项所构成的范畴命题，它不属于知识的范围，但关注它，有助于对本质属性和"特性"的认识。

（1）亚里士多德表明，"特性"是实存者固有的普遍必然属性。

他强调，"特性"虽然不表达事物的本质，但与本质属性一样，也是事物所固有的。同时，他指出，"特性"还具有独特性，他说："一个'特性'是不表示一个事物之本质，但还是独特地属于该事物的一个谓项。"① 为此，他把"特性"划为"相对特性"和"永久特性"两类。他就此写道："一个'相对'特性是这样的一个特性，它把其主项不是同别的一切，而只是同一个特殊确定的事物划分开来，如德性所具有的特性之同知识相比，就是说，前者天然地产生于一种以上能力，而后者独一地产生于理性这能力，产生于那些有推论能力的人。一个'永久'特性是这样的一个特性：它任何时候都是真实的，绝不会失灵，犹如在动物的情形里是'由灵和肉复合而成'。"②

无疑，"特性"是事物之固有的、普遍的和必然的属性，因为它乃事物出于存在本性而拥有，如亚里士多德《形而上学》中所表明的。

（2）亚里士多德表明了"特性"作为谓项之同主项的关系。

他从三种情形来研讨这种关系。

（i）他表明，以"特性"为谓项的范畴命题，其主项除了个体和类（即"第一本体"和"第二本体"，它们是上述以"属"和"定义"为谓项的范畴命题的主项，也是本类范畴命题的主项，因为"特性"是实存者出于存在本性也即因本体而具有的属性）外，也可以是"性质"等九范畴，因为它们也各有其本质，从而也可以说有"本体"（即"是什

---

① Aristotle: *Logica · Topica*, 102^a17–18.
② Op. cit., 128^b36–129^a1.

第二章　形式逻辑作为形而上学：实存者的哲学建构

么"）。当然，如前所述，这"本质"和"本体"的意义不同于本真的"本体"，尤其其实存依从于后者。

他就此写道："'定义'，如'一个事物所是的东西'有若干意义吗？'一个事物所是的东西'在一种意义上意指本体和'这个'，在另一种意义上，意指某个谓项即数量、性质等等。因为，犹如'是'属于一切事物，但不是在同样意义上，而是原初地属于一类事物，次级地属于另外各类事物，'一个事物所是的东西'同样也在单纯意义上属于本体，而在受限定的意义上属于其他范畴。因为，甚至对一种性质，我们也可以问它是什么。"① 性质所是的东西其实不是东西。这就是说，"九范畴"之充任范畴命题的主项充其量是语言形式上的，而不是本体实存意义上的。

（ii）他表明，"特性"为谓项的范畴命题中，谓项可与主项互换。这种可互换性或者说谓述之可逆性是"定义"和"特性"所特有的，偶性则没有。他写道："一个主项的每一个谓项都必定必然地要么可同其主项互换，要么不可以。如果它是可互换的，那么它将是主项的定义或特性，因为若它标示本质，则它就是定义；否则，它是个特性：因为这就是一个特性所是的东西，即被可互换地谓述的，但不标示本质的东西。"② "例如，人的一个特性是能够学习语法，因为，如果 A 是一个人，那么他就是能够学习语法的，而如果他是能够学习语法的，那么他就是一个人。"③ 这是"特性"之区别于"偶性"的一个重要方面。

（iii）亚里士多德表明，"特性"以不同方式属于"种"和"属"。这主要在于"种"的所有"特性"皆属于"种"所属的"属"，但反之不然，并非"属"的所有"特性"都属于所包含的所有"种"。他指出：

---

① Aristotle: *Metaphysica*, 1030^{a}19-24.
② Aristotle: *Logica · Topica*, 103^{b}7-12.
③ Op. cit., 102^{a}19-22.

"所有属于属的属性并非必然应当也属于种；因为'动物'是飞翔的，有四足，但'人'并不如此。另一方面，所有属于种的属性都必然地必定也属于属；因为，若'人'是良善的，那么动物也是良善的。……所有不属于属的属性也都不属于种；而种所缺乏的所有属性则并非必然地为属所缺乏。"① 这就是说，"特性"属于"种"，就必然也属于"属"；然而，"特性"属于"属"就并非必然地属于"种"。

（3）亚里士多德表明，"偶性"不属于知识的范围。

他就此写道："既然'存在'有许多意义，这样我们必须首先就偶性指出：对它不可能做科学的处置。这有事实为证：没有科学——实践的、生产的还是理论的——会操心它。因为，一方面，生产一幢房屋的人不会生产同这房屋偕与俱来的所有属性。因为，这些属性不可穷举。房屋业已建成，它可能让有些人心旷神怡，有些人伤心不已，另一些人则受用不置，一句话，大异于一切现存事物。建筑科学无意生产任何这类属性。同样，几何学家不会考量如此附加于图形的种种属性，也不会思考'三角形'是否不同于'诸角等于两直角的三角形'。——这是顺理成章的事。因为，偶性实际上只是名义而已。"②

其中的道理，他做了如下两点说明。

（i）"偶性"不是事物出于本性而具有，只是偶然具有。"例如，我们在偶然意义上说，'这正直的实干者是爱好音乐的'，和'这人是爱好音乐的'，以及'这音乐家是个男人'，正如我们说'这音乐家从事营造'，因为这建造者碰巧是爱好音乐的或者这音乐家碰巧是个建筑师。"③ 显然，"偶性"不是"本体"也即事物的原因和本原所使然，不是固有的、长久的属性。"偶性"的原因是质料。"质料能够成为另外

---

① Aristotle: *Logica · Topica*, 111ᵃ25-32.
② Aristotle: *Metaphysica*, 1026ᵇ2-14.
③ Op. cit., 1017ᵃ8-12.

的样子，不同于它通常的情形。它必定是偶性的原因。"① 单纯质料不是"本体"（不是"基底"），只是现象的东西，而且只是导致偶然的现象即"偶性"。

（ⅱ）"偶性"只是有条件地（非普遍地）和部分地谓述主项。这可以从上述主谓项互换处置看出来。他说："取自'偶性'元素的一个适当名字的互换是极不靠谱的；因为在偶性的情形里也只有在这种情形里，某个东西可能是有条件地（非普遍地）真实的。"② "在偶性的情形里，一个属性（例如白或正义）只是部分地属于什么，这畅行无阻。因此，为了表明一个人是白的或正义的，光表明白或正义是他的一个属性，是不够的。因为，可以反驳说：他只是部分地白或正义。所以说，互换这种处置在偶性的情形里并不是必然的。"③

总之，关于"偶性"，是无知识可言的。

三 实存者的"本体—现象"结构：论证／推理逻辑

前两节表明，"本体"和"性质"皆由形而上学出之以"范畴"，它们作为"范畴"结成"主—谓"结构命题，由此展现实存者的模式。就个体实存而言，也即就形而上学所描绘的实存个体的"本体"作为原初本体的图景而言，范畴命题逻辑乃以上述"三模式"分别展现实存个体的本质普遍性及其类成员身份、类的本体即本质以及实存个体和类的非本质固有属性——特性。它们集于实存个体一身，呈现实存个体的"本体—现象"结构。在这个结构中，个体以其类成员身份和本质普遍性而连通类本体即本质，而后者正是个体之特性即现象的原因。

---

① Aristotle: *Metaphysica*, 1027^{a}13–15.
② Aristotle: *Logica · Topica*, 109^{a}10–13.
③ Op. cit., 109^{a}21–26.

知识的目标是把捉实存个体的本体以及它的因其存在本性而具有的特性即现象。上述三种类型范畴命题已经呈示了这两项知识内容。问题是，仅止于这些命题尚不足以呈现"因其存在本性而具有"这必然因果联系。为此，范畴命题逻辑必须推进到推理逻辑。所谓"推理"，就是这三类范畴命题在实存者的"个体—类"格局中结成的逻辑必然联系。它在于在它们撑起的实存者"本体—现象"结构中以所由出发的原因即本体为论据证成作为必然推论的结果即现象。所以，这个"结构"的形而上学是论证逻辑。

个体和现象

自然界作为物质世界，无论生命界还是非生命界，都呈现为个体林立的图景。形而上学正是缘于此而把知识的对象即自然事物世界把捉为实存个体的世界。这就是"个体—类"格局所本。个体实存者除了展现"本体—性质"模式外，还呈现"本体—现象"结构。自然界在知识面前首先是现象世界，这就决定了实存个体的结构必有"现象"一元并占有在先地位。

（1）亚里士多德表明，在"物质宇宙"中，实存的唯有可感知的个体，而可感知的是个体事物的现象。

他就此写道："只有可感本体实存，还是它们之外尚有其他东西实存——我们必须这样说吗？本体有一种，还是事实上有几种，如那些断言'形式'和居间者都实存的人所说（他们说数学科学处置这些居间者）？——我们说，'形式'既是原因，也是自立的本体，其所取的意义我们最初说明时就已解释过。这理论造成重重困难，而最悖理者乃是这样的说法：物质宇宙中这些东西之外还有某些事物，它们和可感事物相同，只是它们是永恒的，而后者是可灭的。因为，他们说（不带进一步限定），有一个人本身和一匹马本身及健康本身存在，这做法如同那

第二章 形式逻辑作为形而上学：实存者的哲学建构

些人，他们说有诸神存在，不过呈人形。因为，他们只是在设想永恒的人，他们也不是柏拉图主义者，后者让'形式'成为永恒可感事物以外的什么东西。再说，如果我们假想'形式'和可感东西之间有居间者，那么，我们就会困难重重。因为，根据这原理，显然在直线本身和可感直线之外还有直线，其他类事物也无不如此；结果，既然天文学是这些数学科学之一门，那么，可感天空之外还有一个天空，可感天体之外还有一个太阳和一个月亮（其他天体亦复如此）。然而，我们怎么相信这些东西呢？甚至以为这样一个物体是不可变动的，那也不合理，而以为它在变动着，就根本不可能。——光学和数理乐音学所处置的东西，情形与此相似。因为，这些东西由于同样缘由也不可能脱离可感事物而存在。因为，如果有介于'形式'和个体的居间可感事物和感觉存在，那么，显然也将有介于动物本身和可灭动物的居间动物存在。——我们也可以就我们必须为这些关于居间者的科学寻找哪种实存事物一事提这个问题。如果几何学仅在这一点上不同于测量术：后者处置我们感知的事物，前者处置不可感知的事物，那么，显然，也会有一门医学以外的科学，它介于医学科学本身和这单门医学科学之间，其他科学门门亦复如此。然而，这怎么可能：可感知的健康事物和健康本身之外也还有健康的事物存在？"[1] 自然界中实存的唯有可感知的个体，事物本身即柏拉图的理念并不实存，此外也别无所谓"居间者"实存。后者在主张者的心目中也许隐约是指亚里士多德所说的"可感本体"，这并不单独实存，而是实存个体内在之作为现象之原因和本原的本体。

实存个体——知识对象是作为现象出场的，因为"经验是对个体的知识"[2]。"可感本体"的"可感知性"就在于它是个体的可感现象的本体。同类个体的本体相同，就此而言，"第一本体"等同于类的本体即

---

[1] Aristotle: *Metaphysica*, 997^{a}34–997^{b}32.
[2] Op. cit., 981^{a}16.

"第二本体",也即形式和本质。这本体是理知的对象,由思维把捉。它由定义规定,或者说呈现为定义。所以说:"对于知识来说是在先的东西也被视为绝对在先的。这些东西中,定义上在先的并不同在对感知关系上在先的相吻合。因为,在定义上,普遍是在先的,而在对感知的关系上个体在先。"① 这就是说,"物质宇宙"作为知识的对象,个体以其作为现象而绝对在先。个体实存者予认识者以现象,人通过感觉,尤其视觉而取得经验,而这正是科学所由产生的人体生理条件背景。亚里士多德做了详细说明。他写道:"人人生性欲求认识。这方面的一个征象是,我们享受感觉带来的快乐。因为,甚至脱离感觉的功用,它们本身也是让人珍爱的。同时,视觉又君临所有其他感觉。因为,不仅是为了行动的时候,而且哪怕我们不打算做任何事时,我们也大概更喜欢观看,而不是干点别的什么。这是由于,所有感觉中,这最是使我们得以认识和揭示事物间的许多差异。"② 把现象化为视觉经验,是人的认识的始端和出发点。认识了现象,进而才会想去探究现象的原因和本原。

(2)亚里士多德表明,现象乃系于实存者的个体性。无疑,既然如前所述,"第一本体"以其具有"基底",也即作为质料和形式的结合物而成其为"第一本体"即个体的本体——"可感本体",那么,现象乃与质料相关。

这里,亚里士多德首先强调,"质料"本身并不属于"十范畴"。他就此写道:"我说的质料,是指它本身既不是一个特定事物,也不是具有一定数量的东西,也未被赋予任何其他用以确定存在的范畴。因为,有着某个东西,这些范畴每一个都谓述它,而它的存在不同于所有这些谓项各自的存在(因为,本体以外的谓项都谓述本体,而本体谓述质料)。因此,这终极基底本身不是一个特定事物,也不是具有特定数

---

① Aristotle: *Metaphysica*, 1018^{b}31-34.
② Op. cit., 980^{a}20-28.

第二章 形式逻辑作为形而上学：实存者的哲学建构

量的东西，也未得到其他肯定的表征。"① 这段话重要者有两点。其一，"质料"未位列"十范畴"，所以，本体谓述它，所成者并不是"范畴命题"，也即并不是实存者的实存模式和形态。这里，作为主项的"质料"既不是个体，也不是类，同时，"本体"作为谓项只能是"第二本体"，而在此这谓项既非"属"，也不是"定义"，因为主项"质料"不是"类"，也无本质可言。总之，这只是个普通陈述句而已。其二，值得注意，"质料"在此被称为"这终极基底"。"质料"同"形式"结合而成为个体，并如此作为"基底"而成"第一本体"之"标识"。为明白个中底蕴，试借助亚里士多德喜用的"雕像"之喻。雕像之"型"加上青铜成就一尊青铜雕。纵然两者缺一不可，然而，这雕像之为"物"，终究在于"质料"，如前所引，自然物的世界不是被称为"物质宇宙"吗？！"质料"作为"基底"之构份，其"终极性"端在于此。回到这里的讨论上来，细加玩味，可以领悟，"终极性"中包含着"质料"之于"现象"的决定性："物"之作为现象而可感，端在于它包含质料。

明乎此，就可进一步确知，质料之于现象，唯在于它参与形成个体，也即和形式结合，方成其现实的个体可感事物，使其本体成为"可感本体"。亚里士多德说明了这一点："显见，当质料不同时，现实性或表式是不同的。因为，在有些情形里，它是合成，另一些情形里是混合，又一些情形里是我们已命名的属性之别一种。若此，进行定义的人中间，那些把一幢房屋定义为石头、砖块和木材的人是在言说潜在的房屋，因为这些是质料；而那些提议说它是'一种容纳动产和人畜的藏身处'或类似东西的人，则在谈论现实性。那些把两者结合起来的人说到第三种实体，它由质料和形式合成（因为给出种差的表式似乎是对形式或现实性的解说，而给出构份的表式则是对质料的解说）；这对阿尔基

---

① Aristotle: *Metaphysica*, 1029^{a}20-25.

塔斯（Archytas）惯常接受的那类定义也是成立的，这些定义是对结合起来的形式和质料的解说。例如，何谓平静天气？广阔天空没有动静；天空是质料，没有动静是现实性和实体。何谓宁静？海面平滑；物质基底是海，现实性或形状是平滑。这样，由以上所述可知，可感本体是什么以及它如何实存——它的一类乃作为质料，另一类作为形式或现实性，而第三类则是这两者的合成。"[①] 质料本身不是本体，但本体成其为本体（确切说来是"可感本体"），却是仰赖它之同形式相结合而成为现实的可感个体。

性质和现象

实存者以主—谓结构范畴命题呈现其"本体—性质"模式。"性质"广义说来乃代表"本体"之外的"九范畴"。这"性质"也就是事物之作为知识目标的"本体"及其因本性而具有的"属性"中的后者——"属性"。"性质"包括"本质属性"和"非本质属性"即"特性"。如上一节里所已表明的，以实存个体或类为主项、特性为谓项的范畴命题乃呈现实存者之"本体—现象"二元结构的"现象"之元。这里必须强调指出，这种类型命题作为实存模式，其"实存"对于个体来说是原初意义上的，对于类只是派生意义上的。上面"个体和现象"的研讨就已表明了这一点。总之，"个体—特性"之实存是原初意义上的，"类—特性"之实存是次级意义上的。因此，我们主要就"个体—特性"结构命题进行讨论。

亚里士多德指出，古希腊哲学最初是从性质变化领悟到实存个体之"本体—现象"结构的。他写道："最早的哲学家大都认为，质料性的本原是万物的唯一本原。万物皆由质料组成，它是它们所由产生的源

---

① Aristotle: *Metaphysica*, 1043^{a}11–28.

第二章 形式逻辑作为形而上学：实存者的哲学建构

头，它们最后又解体成它（本体存留着，但一直在改头换面）。他们说，这就是元素，这就是事物的本原。所以，他们并且认为，既没有什么创生，也没有什么消灭，因为这种实体始终守恒着，正如我们所说，当苏格拉底变得俊美或者爱好音乐时，他并未因之让人觉得真正降世，而当他失去这些特征时，也没有遁世，因为他本人仍在。"[1] 现象在于同本体相对待的性质及其变化。

亚里士多德正是表明，相对于事物之不变的本原和原因即本体，变化的是事物之作为现象的性质。对此，他做了详尽阐发："我们说，经受变化的一切事物皆是由可感原因引起变化的，也唯在据说受到可感事物实质影响的事物中才有变化。这一说法之真确可从下述考查看出。至于别的一切，最自然不过的是以为，在形象和形状上，以及在获得的状态上和在获致与失去这些状态的过程中会有变化。但在事实上，这两类事物中都没有变化。首先，一个事物的具体形成完毕以后，我们不会以它的材质的名称来叫它了。例如，我们不会称雕塑为'青铜'，称蜡烛为'蜡'或称床为'木头'，但我们会用一种派生说法，分别叫它们为'青铜的''蜡的'和'木头的'。可是，在一个事物受到某种影响而变化之后，我们仍用原始名字叫它。例如，我们说这青铜或这蜡是干的、流动的、硬的或热的。不特如此，我们还说某特定的流动的或热的物质是青铜，给予这材质以与我们用来描述这影响的名字相同的称呼。因此，既然顾及一个事物的形象或形状时，我们不再会用展现这形象的材质的名字去称呼已然成为某种确实形象的东西，而顾及一个事物的影响或变化时，我们仍用其材质的名字叫它，那么，显而易见，前一类生成过程不可能是变化。而且，甚至以此方式去谈论，亦即说'业已实存的一个人、一所房屋或者任何别的东西已发生变化'，也似乎是荒谬的。尽管

---

[1] Aristotle: *Metaphysica*, 983^{b}8-15.

每一次这种生成也许真的必定是某种东西之被改变的成果（例如，材质被浓缩、稀释、加热或冷却的结果），然而，正在进入实存的事物并未被改变，它们的生成不是变化。"① "于是，由上述论证可以明白，变化和被改变都发生在可感事物以及心灵的敏感部分那里，而其他任何事物那里都不会发生，除了偶发者而外。"② 既成的个体实存者，其本体是不变的，而变化的和被改变的只是作为现象的可感性质。

性质变化之作为现象对于把捉实存者的"本体—现象"结构——这事关形而上学作为知识论的出发点：在变化中找不变——具有极端重要意义。前面的引文已表明，哲学家们正是从关注性质变化开始感悟事物之"本体—现象"结构。本体是不变的，而变化的是作为现象的性质。当然，亚里士多德表明，这本体不是质料，而是由形式主导的、质料参与的基底。他进而还表明，"性质"尤其有程度的变化。他说："性质可以有程度的变化。一个东西比另一个东西在更大程度上由白色谓述。就正义而言情形也是如此。而且，同一个东西可以比它以前在更大程度上展现一个性质：如果一个东西现在是白的，则它可能会变得更白。"③

经验和现象

柏拉图把个体、质料、性质———一句话，现象——都逐出知识的范围。亚里士多德把这些全都挽回来，不宁唯是，还把"本体"之尊复归于个体的本体，确切说来是个体之现象的本体——个体现象的原因和本原：把"本体"树立为"性质"的主项；揭示"本体"作为"形式"乃依仗质料而成其为"本体"。思维对接本体而获致知识。对接现象的是感觉，其所得为经验。虽然它不直接产生知识，不过是知识之重要又必

---

① Aristotle: *Philosophy of Nature · Physica*, 245^{b}2–246^{a}9.
② Op. cit., 248^{a}6–9.
③ Aristotle: *Logica · Categoriae*, 10^{b}26–28.

第二章　形式逻辑作为形而上学：实存者的哲学建构

要的一环。它的地位很大程度上由实存者之"本体—现象"结构规定。显然，亚里士多德必定重视经验的哲学研究。其实，如上所述，《形而上学》开卷就把人类求知同视觉联结起来，紧接着便研讨经验和知识的关系。这种探究乃站在形而上学立场。

（1）亚里士多德表明，经验凭感觉从个体得来，它仅止于个体的现象，不问其原因。

他就此写道："人以外的动物靠现象和记忆生活，只有很少相联系的经验，而人类还凭借技术和推理。于是，人那里从记忆产生经验。因为，对同一事物的若干次记忆最终产生取得单一经验的能力。经验似乎几乎如同科学和技术，可事实上科学和技术是通过经验达于人的；因为，如波卢斯（Polus）所说，'经验顶技术用，而缺乏经验就靠运气'。于是，当着根据经验所得出的许多想法做出关于一类对象的一个普遍判断时，技术就产生了。因为，下一个判断：当卡利亚斯生这种病时，这对他有益，以及在苏格拉底的情形里、在许多个人情形里也这样做，乃是经验之事。不过，判断说：当具有某种体质的人们都生这种病时，例如黏液质或胆汁质的人发烧时，这对他们人人都有益（划定了一个类）则是技术之事。"① "经验是关于个体的知识，技术是关于普遍的知识；因为，医生不医治人，除非偶而为之，而卡利亚斯、苏格拉底或者由某个这类个人名字称呼的某个其他人恰巧是一个人。这样，如果一个人有理论而无经验，认识普遍但不知晓个中包含的个别，那么，他将往往医治不了人；因为要医治的是个人。不过，我们还是认为，知识和理解属于技术而非属于经验，而且我们觉得，技术家比经验丰富之士更聪慧（这意味着，智慧在一切情形里都更其取决于知识）；这是因为，前者知道原因，而后者不知道。因为，经验丰富之士知其然，但不知其所以然，

---

① Aristotle: *Metaphysica*, 980^{b}25-981^{a}12.

而另外那些人知道'为什么'和原因。"① 总之，经验乃接纳个体的现象，它是结果，而其原因则是思维对接的个体事物之本体。问题是，亚里士多德在此表明，原因是以现象为结果的原因，是现象的原因。现象的重要性正在于此：成就实存者的"本体—现象"结构。

（2）亚里士多德表明，"现象"中要区别出"偶性"，它只是偶然的"存在"，不是事物"本体"的必然结果，故不能进入所建构的实存个体之"本体—现象"结构之中。

亚里士多德建构实存者，挽回了为柏拉图以及之前如智者派所抛弃的经验和现象，并且把它们放在必不可少又重要的位置上。然而，他把作为性质的现象区分为"特性"和"偶性"两类，并从形而上学阐明"偶性"的本性，把它排除在"本体—现象"结构之外。

亚里士多德指出："偶然东西是出现的东西，但并不总是出现，不是出于必然而出现，也不是大部分出现的东西。"②

前面已经指出，他认为，偶性是"存在"的意义之一，但不是知识目标。就此而言，形而上学中没有它的地位。所以，他说："柏拉图把智者派列为处置并不存在的东西者流，在某种意义上是正确的。因为，我们可以说，智者派的论辩首先关涉偶然东西。"③ 形而上学着眼于知识去建构实存者，后者的偶性理当排斥在现象的构份之外。

亚里士多德详细阐释了偶性的两个特征：非必然的和非常在的，并指出，现象之此偶然部分乃由偶然的原因引起，不若特性作为现象乃本体之必然结果。他就此写道："在存在的事物中，有些始终处于同一状态，并且是必然的（不是强制意义上的必然性，而是我们因事物不可能是别样而断定它们有的那种必然性），有些不是必然的，也不是常在的，

---

① Aristotle: *Metaphysica*, 981^{a}16-30.
② Op. cit., 1065^{a}1-3.
③ Op. cit., 1026^{b}14-16.

第二章　形式逻辑作为形而上学：实存者的哲学建构

所以这大抵是偶性的本原，是偶性实存的原因。因为，那既不常在，也非大部分存在的东西，我们称之为偶然东西。例如，如果酷热期有凉爽天气，则我们说这是个偶遇，而如果是闷热天气，便不会这样说，因为后者是常在的或者多半如此，但前者就不了。一个人是苍白的，这是个偶然事情（因为这不是常在的，也不是多半如此），但他是个动物，这就不是出于偶然。再如，这建筑师生产出健康，这是偶然的，因为做这事不是建筑师的而是医生的本性——而这建筑师碰巧成了个医生。又如，一个甜品师傅旨在给人带来愉悦，可能制成增进健康的点心，但这不是缘于他的技艺。因此，我们说，'这是个偶遇'，并且，虽说在某种意义上他制成了它，但在绝对意义上他未制成。因为，产生它们的技能所应对的是其他东西，而没有确定的技艺或技能乃相应于偶然的结果。因为，出于偶然而存在的或正在存在的事物，其原因也是偶然的。因此，既然不是所有存在的或正在存在的事物都是必然的和常在的，而只是绝大多数事物大抵存在，所以，偶然东西必定实存；例如，一个苍白的人并非始终是也不大抵是爱好音乐的，而这只是间或发生，所以，这必定是偶然的（如若不然，则一切都将是必然的）。因此，能够成为异于常态者的质料必定是偶然东西的原因。我们必须以这样的问题为出发点：是否不会有既非始终存在也非大抵存在的东西？这肯定是不可能的。所以说，在这些东西之外，还有着偶遇的和偶然的东西。不过，既有常物实存，则还能说任何东西都不是常在的吗？或者，有永恒的事物吗？这个问题得放在后面考查。而显而易见，不存在关于偶然东西的科学；因为，一切科学皆不是关于常在的东西，就是关于大抵存在的东西。（因为，不然的话，还有什么能让一个人去学习或者由他传授给别人呢？这东西必须确定为始终出现的或者大抵出现的。例如，蜂蜜水对发热病人有效这一点大抵不虚。）不过，违反这通常规律的事情，即何时这事物不出现，例如'在新月日'不出现，科学将无法表明。因为，甚至在新月日出现的事物也是始终出现或大抵出现的。不过，偶然东西违反这种规律。这样，我们就表明了，偶然东西究竟怎么样，它由何原因引起，以及没有科学处置它。"①

这里可以明白重要一点。偶性的原因是质料，其为偶然者也正在于此。特性的原因在于个体之本体即形式，因而是必然的。实存者在"个体—类"的格局下，才形成"本体—现象"结构。因为，实存者作为个体乃是类的成员。这样，个体总是秉持其与类共同的本体，后者导致现象即特性，偶性则已汰除出"本体—现象"结构。同时，这结构又由"本体—性质"实存模式支撑。不妨说，"性质"作为"现象"表现出来。同时，"经验"作为"现象"的主观形态，凸显了"现象"之与"感性"的本质关联。实际上，"偶性"乃以"质料"为原因，而"性质"也有此成因，因为"性质"作为"现象"必然同"质料"关联，只是特性的必然原因在于质料同本质即形式相结合而成"基底"。

本体是现象的本体："第一本体"作为"可感本体"

上面研讨了"本体—现象"结构的现象元，现在来讨论另一元——本体。这个问题在前一章里已多有述及。这里从作为对实存者建构的"本体—现象"结构这个脉络来做进一步探讨。这方面的核心观念是，"本体"乃是实存个体之现象的本体，是现象的原因和本原，同时现象是本体的现象。至于所谓"本体"本身如柏拉图的"理念"并不实存。如上所述，现象是作为个体的实存者即可感事物所有。因此，"第一本体"即个体的本体是本真意义上的本体，而就"现象"而言，"第一本体"要在是"可感本体"。

（1）亚里士多德表明，"本体"是个体中"现象"的"本体"，同时

---

① Aristotle: *Metaphysica*, 1026^{b}27-1027^{a}28.

第二章　形式逻辑作为形而上学：实存者的哲学建构

"现象"则是"本体"的现象。

他指出，个体由质料和本体即本质／形式复合而成。所成者为作为个体的"可感事物"或者说"具体事物"。"质料"造成"具体事物"有可感知的现象，而本质或形式是现象的本原和原因。这一切都依存于作为个体的实存"具体事物"。"本体"是现象的本体，现象是本体的现象。两者的结合是"具体事物"个体的"完全实现"。他就此写道："质料性的、一事物作为其质料而划分成的诸部分是在后的；而表式之组成部分性的、本体之按其表式的那些部分无论全部还是其中某一些都是在先的。既然动物的心灵（因为这是一个生物的本体）按照表式是它们的本体，这表式即为一个某种类身体的形式和本质（至少我们将参照它的机能规定它的每个部分，若我们规定得很得当的话，并且这唯有不离开知觉才可能属于它），因此，心灵的诸部分无论全体还是某一些都先于具体'动物'，每一个动物个体也都是如此；同时，身体及其诸部分都后于这个即本质性本体，而分成这些部分作为其质料的不是本体而是具体事物：——既然这样，这些部分在某种意义上先于具体事物，但在某种意义上又不是这样。因为如果把它们从整体上切割下来，则它们甚至不可能存活。因为，一个手指并非在任何状态和每种状态下都是一个活动物的手指，一个死手指只是名义上的手指而已。有些部分既不先于也不后于整体，这些部分是占优势的部分，表式即本质性本体（例如心脏或大脑也许就是）就直接出现在它们那里；因为，这两者究竟哪一者有这个资格，至少无关宏旨。不过，人和马以及若此但普遍地应用于个体的词项都不是本体，而是由这特殊表式和这特殊质料组成的某种被当作普遍的东西。至于个体，苏格拉底已在他之内包含基本个体质料；所有其他情形里也是这样。'一个部分'可以是形式（即本质）的，或者形式与质料之复合体的或者质料本身的一部分。不过，只有形式的诸部分是表式的部分，表式是关于普遍东西的；因为，'成为一个圆'乃等同于圆,'成为一个心灵'等同于心灵。不过,当我们说到具体事物,例如这个圆,也即个体的圆之一,则这些个体的圆无论是可感知的还是可理知的(可理知的圆,我是指数学的圆,可感知的圆则指青铜的和木头的圆——这些个体圆没有意义),都是借助直观思维或知觉而为人知晓的;当它们脱离这完全实现时,则不清楚,它们还实存与否。不过,它们总是借助普遍表式来得到表述和认知。而质料本身是不可知的。有些质料是可感知的,有些是可理知的,可感知的质料举例说来有青铜、木头和一切可改变的质料,可理知的质料则是出现在可感知事物之中的东西,本身并不可感知,也即是数学的对象。"[1]

这里最可注意者是"可感知的"和"可理知的"这对概念,它们标志着实存者的"本体—现象"结构。"可感知的"是现象,"可理知的"是本体,而两者都是作为整体的"具体事物"之不可分离的组成部分。这里强调,(一个身体的)形式和本质是按照(身体的)机能规定的,"唯有不离开知觉才可能属于它(身体)"。这就是说,在"具体事物"即实存个体中,"本体"离不开现象,是现象的本体。同时,又强调,在实存个体(圆)中,若那"借助知觉而为人知晓的"现象离开了本体("普遍表式"),则个体连实存都不可能。并且,个体由本体之表式来"表述和认知"。这就是说,在实存个体中,现象是本体的现象。总之,实存个体是本体和现象浑然一体的二元结构。

(2)亚里士多德表明,"可感本体"的"可感性"在于以其基底连通"现象"。

如前所述,"可感本体"的可感性源于实存个体的独立在先的可感性,因为这本体是实存个体的本体。实存个体的可感性缘于其包含质料。作为实存个体的本体,它同样与质料不可或离。亚里士多德指出这

---

[1] Aristotle: *Metaphysica*, 1035^{b}11-1036^{a}12.

第二章　形式逻辑作为形而上学：实存者的哲学建构

一点："自然科学如同其他科学，也在事实上乃关于一类存在，也即那种本体，它本身就拥有其运动和静止的本原。既然这样，自然科学显然就不是实践的或者制造的。因为，在制造物的情形里，这本原操之在制造者——它是理性、技艺或者某种官能，而在所践行的事物中，它操之在实践者——意愿，因为所践行者和所意愿者是一回事。因此，如果说一切思想要么是实践的，要么是制造的，要么是理论的，那么，物理学就一定是一门理论的科学，而其理论化工作的对象将是那些可以运动的存在以及按定义只是大抵不脱离质料的本体。于是，我们切不可不留意本质之存在及其定义的模式，舍此我们的探究便徒劳无功。所定义的事物即'什么'中间，有的类似'塌鼻'，有的类似'凹的'。这两者所以不同，是因为'塌鼻'是同质料捆绑在一起的（作为塌鼻的东西是个凹的鼻子），而凹性乃独立于可感知质料。这样，如果说一切自然物本性上都类似于塌鼻——例如鼻、眼、脸、肉、骨以及一般地动物，叶、根、树皮以及一般地植物（因为这一切都不可能不诉诸运动来定义——它们总是有质料），那么，显而易见，何以我们必须探寻并定义自然客体情形里的'什么'，并且还明白，属于自然研究者的任务是，甚至要在某种意义上也研究心灵，也即连心灵也视为并非独立于质料。"[1] 实存个体之本体始终与质料不可或离。如前所述，亚里士多德把这一点出之以"第一本体"在标识上异于"第二本体"者，也即"基底"。它是形式同质料相合而成者。实存个体因着质料而向感性呈示"现象"，此"质料"当然跟"第一本体"之"基底"所含之"质料"为同一者。由此可见，"可感本体"乃通过其"基底"同"现象"相连通。显然，这是实存者之"本体—现象"结构的纽带和支撑。

---

[1] Aristotle: *Metaphysica*, $1025^{b}18$-$1026^{a}7$.

"可感本体"在"本体—现象"结构中乃作为本质

"可感本体"作为"第一本体"是实存个体的现象之本体。"本体"是实存者的原因。实存个体是感性绝对在先的现象实存,所以,"本体"也就是现象的原因。无疑,在"本体—现象"结构中,"本体"作为现象之原因,乃是"本质"。本质就是某事物因其而成其为某事物的东西。它同形式同一。实存个体跟本质相同,差别在于多出了特性和偶性——现象。实存个体只有作为类的成员才有本质。这本质自然同一于个体所属的"类"的本质,因为它们以本质相同而结成类。

(1)亚里士多德表明,本质就是一个事物的本身。

关于本质,如上所引,他写道:"每个事物的本质就是被说成凭它本身而所是的东西。因为,既然你并非出于你的本性而是爱好音乐的,故'是你'并非'是爱好音乐的'。这么说,你出于本性而所是的东西乃是你的本质。"① 本质不多不少就构成事物本身。否则,给事物本身添加上什么规定性,则所得的复合物便不是本质。另一方面,减损也不可以。他说:问题是"本质是不是还属于这样的复合物,例如'白的人'。设这复合物标示为'披风'。披风的本质是什么?不过可以说,这也不是一个凭本身的表达式。我们作答说:一个谓项可能恰以两种方式未能凭本身去真实谓述一个主项。其中一种乃由于增添一个规定性,另一种则缘于减少一个。一类谓词所以不是凭本身的,是因为被定义的词项结合上了另一个规定性,例如,若在定义白的本质时,却陈述白的人的表式;另一类则缘于在主项中给表式中表达的东西结合上了另一个规定,例如若'披风'意指'白的人',同时又把披风定义为白的。白的人的确是白的,但他的本质并不是白的。可是,'是一件披风'是本质吗?也许不是。因为,本质精准地就是某物所是的东西;但当一个属

---

① Aristotle: *Metaphysica*, 1029ᵇ13-16.

第二章　形式逻辑作为形而上学：实存者的哲学建构

性被断给另一个主项而非它自己时，这复合体就并非精准地为某个'这个'所是的东西，例如，白的人就并非精准地为某个'这个'所是的东西，因为这个性唯属于本体。因此，唯有那些其表式是定义的事物才有本质"①。

这里关系到亚里士多德形而上学的核心思想。形而上学建构实存者。在他那里，实存者转归为本体。本体关乎事物是"什么"，也即作为"实体"(entity)——"性质"等所依附者，又关乎本质，即事物本身。两者是本体之两个如同表里的方面，犹如硬币之两面，实际上也就是指云和含义这两个方面。所谓知识在于把握本体，无疑归根结底在于把握作为"实体"(指云)其"表"的本体之"里"——本质(含义)。不妨说，"知识即本质"。说这里牵涉到最核心处，其意端在于此。同样重要的是，他还指出，本质乃是诸规定性的综合，并且出之作为表式的定义。这本质作为事物之本身，所包含的规定性不能省漏，尤其不能添上非本质属性(本质之"规定性"显然就是"本质属性")，哪怕是特性，更不用说偶性。这个思想后世尤其得到黑格尔发挥。

(2) 亚里士多德表明，只有"第一本体"才有本质，而实存个体乃与其本质相同，但是多出了"特性和偶性——现象"。

本质本是本体之"里"(含义)，当然唯有"第一本体"才真正拥有，因为它是本真意义上的本体。所以，他说："在某种意义上，除了本体而外，任何东西都不会有定义，也都不会有本质。但在另一种意义上，其他事物也会拥有它们。所以，显然，定义是本质的表式，本质专一地或者主要地原初地且在不加限定的意义上属于本体。"② 前面谈到，"性质"等九范畴也有"本质"，那是在次级的、派生的意义上说的。这些范畴不若"本体"，并没有"实体"那一面，无本体之"表"。

---

① Aristotle: *Metaphysica*, $1029^{b}28$-$1030^{a}8$.
② Op. cit., $1031^{a}10$-14.

显然,"本质和事物本身在有些情形里是相同的,即在第一本体的情形里"①。本质根本上就是"第一本体"之"里"。那么,实存个体同其本质关系如何?"我们必须探究每个事物和其本质是相同还是不同。这对关于本体的探究工作相当有用。因为,每一个事物据认为并非不同于它的本质,而本质据说就是每个事物的本体。"②

这里的"每个事物"是指实存个体也即"自存的、原初的事物"。知识在于认识这种事物的"本体"即"本质",就此而言,这种事物和它们的本质相同。"每个原初的自存的事物皆与其本质同一。"③ 他对此做了详细论证:"在所谓自存的事物情形里,一个事物必然地和它的本质相同吗?例如,如果有一些本体,没有其他本体或实体先于它们——如有些人断定有的'理念'所是的那种本体——如果善的本质不同于善本身,动物的本质不同于动物本身,存在的本质不同于存在本身,那么,首先就会在所断定有的那些之外还另有本体、实体和'理念',其次,这些另外的东西将是在先的本体,如果本质是本体的话。再者,如果在后的本体和在先的本体相互割裂的话,那么,1. 就不会有关于前者的知识,以及 2. 后者也将没有存在。(我说的'割裂',是指,如果善本身没有善的本质,并且后者没有作为善的特性。)因为,1. 只有当我们认知了每个事物的本质,才会有关于它的知识。同时,2. 对于其他事物,情形一如对于善这般;因此,如果善的本质并不是善的,那么,实在的本质就不是实在的,统一的本质也不是一。所有本质皆一样实存,要么,它们全都不实存;因此,如果实在的本质不是实在的,那么,任何其他东西也都如此。再者,善的本质所不属于的东西不是善的。——可见,善的东西必定同善的本质一体,美的东西必定同美的本质一体,

---

① Aristotle: *Metaphysica*, 1037^{b}1-2.
② Op. cit., 1031^{a}15-18.
③ Op. cit., 1032^{a}5-6.

第二章　形式逻辑作为形而上学：实存者的哲学建构

凡是不依从于别的东西而是自存的与原初的东西都是这样。因为，若它们是这样子，也就足够了，哪怕它们不是'形式'；或者更确切地说，即便它们是形式。（同时，显而易见，如果有'理念'，如有人说它们存在那样，则那不会是作为本体的基底；因为，这些东西必定是本体，但不能谓述基底；因为，如果它们存在，则它们将只是通过参与其中而实存。）所以说，每个事物本身和它的本质是不止偶然地同一的。这可从上面的论证看出。之所以如此，还因为，认识每个事物，至少就等于认识它的本质，以致甚至展示例子也就让人明白，两者必定同一。"①

知识在于探究实存个体的原因和本原，而这也就是它的本体即"第一本体"。这本体之"里"即为本质。这样，知识转归于认识本质。就此而言，实存个体和其本质同一。亚里士多德这里申明了这一点。可以说，"第一本体"以其"表"即作为"实体"而成为实存个体的本原，复又以其"里"即作为"本质"而成为实存个体之现象的原因。实存个体既然具有"本体/本质—现象"二元结构，则实存个体和其本质便必定既同一又有差异，显然后者就在于"现象"。这就是前述那"多出来"的特性和偶性。

亚里士多德表明，包含了偶性，更确切地说，从偶性来看待实存个体，则它就与其本体即本质不同。他说："在偶性的统一体的情形里，这两者[指个体及其本质——引者]公认是不同的，例如，白的人会被认为不同于白人的本质。因为，如果它们相同，则人的本质和白人的本质也会相同；因为，如人们所说，一个人和一个白的人是相同的事物，结果，白人的本质和人的本质也将相同。可是，也许不可推论说，偶性统一体的本质应与简单词项的本质相同。因为，端项并不以同样方式跟中项同一。但是，也许可以认为，这是在推论说：端项作为偶性应当最

---

① Aristotle: *Metaphysica*, 1031^a28-1031^b22.

后证明是相同的，例如，白的之本质和爱好音乐的之本质。可是，实际上人们并不认为情形如此。"① 总之，偶性不仅入不了本质，而且与本质无必然的因果关系。这样，它作为现象也入不了知识对象个体实存者之"本质—现象"结构。

这里还事关亚里士多德十分强调的、前面再三提到的形而上学原理：实存个体总是作为类的成员才成为知识的对象。因为，只有作为类的成员，实存个体才是"本质个体"：它的本体即本质乃与同类个体相同，因而它与其本体即本质相同。他说："质料性的东西或者包含质料的整体性东西并不与它们的本质相同，'苏格拉底'和'爱好音乐者'之类偶性统一体也不与其本质相同，因为这些只是偶性上相同。"② "苏格拉底"是独特个人，没有"苏格拉底们"。他不是类的成员。他作为"伟大思想家"，那只是偶性。他只有作为"人"类的一员，才具有本质，如"他是两足动物"，才成为知识对象。

关于特性，他写道："如果人们否认，带一个增添的规定性的一个表式是一个定义，那么，这就是一个难题：任何并非简单的而是配了对的词项是否都会是可以定义的。因为，我们必须通过添加一个规定性来解释它们。例如，有鼻和凹陷性以及塌鼻性，后者乃由那两者通过一者在另一者之中而组成，并且，鼻之有凹陷性或塌鼻性属性，不是由于偶然，而是缘于它的本性。它们之附加于它，也不若白性之附加于卡利亚斯或人（因为恰巧是个人的卡利亚斯是白的），而如同'雄性'之附加于动物，'等于'之附加于量，以及一切所谓'凭本身的属性'之附加于它们的主项。这类属性是这样的：它们之中牵涉进了特定属性的主项的表式或名字，它们不可能离开这个来解释。例如，白可以脱离人来解释，而雌就不可以脱离动物来解释。因此，这些事物哪一个也没有本质

---

① Aristotle: *Metaphysica*, 1031ª19-27.
② Op. cit., 1037ᵇ3-6.

第二章　形式逻辑作为形而上学：实存者的哲学建构

和定义，或者，若说有的话，则也是在别一意义上，如我们已说过的那样。"① 这是说，固有属性即特性非关本质。所以，它也是实存个体和其本质之差异所在。当然，不若"偶性"，它是必然的，作为现象而进入"本体—现象"结构之中也即属于知识的范围。

（3）亚里士多德表明，实存个体的本质转归为"第二本体"。

上面已指出，亚里士多德强调，实存个体乃与其本质相同，但多出特性和偶性。总之，实存个体"这整体还不是一个事物的本质"②。其实，实存个体的本体即"第一本体"也还不等于其本质，因它包含"基底"。面对实存个体，知识探求的是"这质料为何是某个确定东西这个问题。例如，为什么这些材料是一所房屋？因为，是一所房屋的本质的东西存有着。再如，为什么这个体事物或有这形式的这身体是一个人？因此，我们寻求的是原因，也即形式，由于它，这质料才成为某个确定东西；并且，这就是这事物的本体"③。不妨说，"第一本体"作为"可感本体"比本质多出了"质料"。

这样，实存个体的本质转归为"第二本体"，也即以"第二本体"为"本质"。实存个体以"本体"相同而结成类，自然就此而言，"第一本体"乃相同于相应的"第二本体"。问题是"第二本体"不包含"基底"，只包含本质、属和普遍。"第二本体"是属的本体，对其成员有普遍性。所以说，它直接就等于本质。正是这个缘故，实存者"本体—性质"模式之范畴命题逻辑中，才会有这样的命题：主项为类，谓项为以定义为"表式"的"本质"。亚里士多德表明了这一点："唯有那些其表式为定义的事物才有本质。"④ "可见，凡不属于某属的某种的东西都不

---

① Aristotle: *Metaphysica*, 1030^{b}14–28.
② Op. cit., 1029^{b}17.
③ Op. cit., 1041^{b}3–11.
④ Op. cit., 1030^{a}6–7.

会有本质——只有种才会有本质。"① 例如，"马"是原初的，"白马"就不是原初的，"白"谓述"马"，而在"马"中，"四足"并不谓述"有尾"。同时，"马"有定义"四足动物"。总之，种才有定义，其本体也径直就是其本质："种"由"属加种差"谓述。

亚里士多德表明，实存个体及其本体——作为"可感本体"的"第一本体"那里，本质乃同质料（"基底"）即现象混成其中，而在类那里，其本体即"第二本体"可以说呈现为纯然本质。他认为，后者有着从"可感本体"派生的意义上的实存。他表明，这样来把握本体，就更能看清，它是类的所有成员个体之现象的原因。他就此写道："让我们来陈明本体应当说成是什么即哪种东西，从而再次采取另一个出发点。因为，兴许我们由此会也看清那脱离可感本体而实存的本体。"② 这里亚里士多德提出一条形而上学的核心原理。形而上学表明，知识寻找的原因是作为纯粹本质的、次级意义上实存的"第二本体"，而这原因是同类实存个体的现象的原因而不是事物个体本身的原因（后者是"第一本体"），尽管这两个原因是相同的，而有赖于这原因，作为现象的谓项才能谓述主项实存个体。总之，他揭示，实存个体的本质就是"第二本体"。

此外，前面已多次提到，亚里士多德强调，实存个体作为类的成员才有本质。实际上，他表明，实存个体的本体之标识之一便为"属"。这就是说，实存个体是作为类的成员而实存，以此而成为知识对象。知识目标在于为同类个体寻找共同的原因和本原。这样，便有实存个体的本质之转归于"第二本体"，而知识就在于探究后者。反之，实存个体仅作为孤立的感性实存者，则没有本质可言，只剩下偶性，就不是知识的对象。这就进一步揭示，实存个体的本质实际上转归于"第二本体"。

---

① Aristotle: *Metaphysica*, 1030^{a}12-13.
② Op. cit., 1041^{a}6-8.

第二章　形式逻辑作为形而上学：实存者的哲学建构

前面还已指出，亚里士多德强调，本质和形式同一。现在更可以明白，实存个体的本质同一于并转归于"第二本体"，而"第二本体"没有"基底"，后者中的形式正是归并于本质，与之叠合。同时，这里还凸显了形式之作为实存个体的现象之原因。

亚里士多德还表明，形式作为事物本质是多重的，并不是单一的，也即本体是诸多本质属性的集合。他就此写道："一切其他事物都不可能来自'形式们'，不管'自'取什么常用意义。说它们是原型，其他事物分有它们，这是在玩弄词藻和诗性隐喻。因为，能指望'理念'做什么呢？任何事物都能存在也能生成，而这并不用去模仿别的事物，因此，不管苏格拉底实存与否，一个像苏格拉底那样的人都能存在。显然，哪怕苏格拉底是永恒的，事情也还可能如此。此外，同一事物会有若干原型，因而会有若干'形式'，如'动物'和'两足的'以及'人本身'都会是人的'形式'。再者，这些'形式'不仅是可感事物的原型，也是'形式'本身的原型，也就是说，属是'一属之各种形式'的原型；因此，同一事物将既是原型又是摹本。此外，本体和以它为其本体的事物似乎不可能分离地实存。因此，'理念'作为事物的本体怎么可能独自实存呢？"[①] 这里又强调了本体是实存个体的本体，依存于个体之中，而非单独实存。"若干形式"也即诸多种差集成于"属"，它们作为诸多本质属性而集成本质。

从本质到现象的必然因果联系：实存个体"本体—现象"结构的论证／推理逻辑——"原初三段论"

实存个体结体为"本体—现象"结构，它由本体和现象二元以及两者的联系构成。这种联系是从本质即"第二本体"到现象的必然因果联

---

① Aristotle: *Metaphysica*, $1079^{b}24\text{-}1080^{a}2$.

系。本质和现象皆呈范畴命题形态。因此，这联系也就是命题间的推理。这种推理以关于本质的已知知识为前提，把现象作为必然结论引出，也就是由因及果的论证。现在可以明白，实存个体及其本体的实存呈现范畴、命题和论证／推理三大逻辑形式，它们共同成就形式逻辑。这正昭示了亚里士多德创立形式逻辑之形而上学底蕴。

（1）亚里士多德表明，三段论作为必然推理乃呈现在实存个体"本体—现象"结构中从本质到现象的必然因果联系。

他表明，在这结构中，本体作为原因在于本质。他说："显然，我们必须获致原始原因的知识（因为，只有当我们认为我们认知每个事物的原因时，我们才说我们认识它）。"[①] 说原因，"我们是指本体即本质（因为'为什么'最后可还原为定义，而终极'为什么'就是原因和本原）"[②] "只有当我们认识每个事物的本质时，才有关于它的知识。"[③] 因为，本体之作为本质乃是三段论作为必然推理的出发点即前提。三段论从前提——作为原因的本质——出发，必然地引出结论——作为结果的现象。三段论足可从已知的本质推出那必然的结论，而无须再借助"本体—现象"结构之外的任何东西。

（2）亚里士多德表明，三段论乃作为论证而提供关于现象的必然结论，呈现实存个体现象对本质的依存。

三段论作为"本体—现象"结构中的必然因果联系乃是"论证"，也就是以"本质"为论据，通过必然地推出作为结论的现象，从而为之做了证明，证明它是实存个体因其存在本性而具有的固有属性即特性。他就此写道："在每门科学中，独有的原理所在多有。因此，经验的任务在于给出属于每个论题的原理。比如，我这是说，天文学的经验提供

---

① Aristotle: *Metaphysica*, 983^{a}24–26.
② Op. cit., 983^{a}27–29.
③ Op. cit., 1031^{b}17.

第二章　形式逻辑作为形而上学：实存者的哲学建构

天文学的原理。因为，一旦现象得到恰当的领会，天文学的论证也就发现。任何其他技艺或科学，情形也是如此。因此，倘若事物的属性得到领会，那么，我们的任务便是随即展现论证。因为，如果在历来的探究中，始终没有漏掉过事物的真实属性，则我们就应当能够发现论据，能够论证一切为论据所容许的东西，并且能够弄清楚哪些东西本性上为论据所不容。"① 在对现象即属性的恰当领会的基础上，需要靠经验找到相应的原理即本质。以之为论据，对现象做论证。经过论证，现象才同本质建立起必然因果联系，也才确定成为"本体—现象"结构中的那一元。

值得注意，亚里士多德把科学分成两部分，分别关于本体即本质和现象即属性（特性）。他强调，本质是直接获知的，属性是通过论证获知的。同时，本质是不证自明的公理，成为论证的出发点即论据。他就此写道："最高意义上的知识对象的学问也即本体科学必定是'智慧'性的。"② 它所提供的关于本质的知识是"原初的知识"，是据以获致关于实存者之属性的知识的论证之论据。故他说："我们认为，甚至关于能够加以论证的事物的知识也全都只有当我们认识了事物是什么时才存在。"③ "对事物本质是不存在论证的。"④ 总之，本质作为"第二本体"乃由思维去对接，即由此直接获知，而现象作为属性则从本质出发去论证，由此而获知。亚里士多德还强调，论证是在实存个体范围内展开的必然因果推理，所以，论证总是关涉特定事物的，或者说，是后者的表现。这就是说，"论证"不是蹈空的，它必定是特定实存个体的"本体—现象"结构的形态。

---

① Aristotle: *Logica · Analytica Priora*, 46^{a}17-28.
② Aristotle: *Metaphysica*, 996^{b}13-14.
③ Op. cit., 996^{b}18-20.
④ Op. cit., 997^{a}32.

值得指出，亚里士多德区分关于本原即本质的科学和关于现象即属性的科学，显然在很大程度上对应于划分发现的脉络和辩护的脉络。本质是思维去发现的，属性是以所发现的本质为公理去证成的。

（3）亚里士多德表明了实存个体"本体—现象"结构的范畴命题构成。

如上所述，他表明，实存个体的"本体—现象"结构乃是据由作为"第二本体"的本质对个体的现象做的论证，而这种论证的逻辑是"原初三段论"。他表明，它"有三个项，借助一个中项进行"[①]。另两个项为"端项"，分别称为"大项"和"小项"。三段论由三个范畴命题构成，它们属于上述展现实存个体实存模式的三种范畴命题类型。两个组成前提，分别称为"大前提"和"小前提"，一个为"结论"。"大前提"以中项为主项，大项为谓项。"中项"为作为类的种，大项为特性。小前提以小项为主项，中项为谓项。小项为个体。大前提表达类出于存在本性即本质而拥有可理知特性。小前提表达个体的本质普遍性和对类的从属关系。两个前提合起来就表达了，实存个体是类的成员，由此便以类本体为自己的本质。这本质由"类—本质/定义序列"命题表达。不过，这类型命题在论证中未出现，而是蕴涵着的。实存个体因着这本质而必然地会拥有类之出于本质而具有的可理知特性。第三个命题以个体为主项，以大项为谓项，表现了实存个体的现象即特性。同时，它作为结论，又是两个前提的必然推论。于是，这三段论以其必然推理功能完成了实存个体中据由本质对现象的论证，同时也成为其"本体—现象"结构的表式。这里中项起着关键作用，此即亚里士多德所谓"借助一个中项"进行论证的本意。作为中项，类（种）把个体作为成员纳入，复以其作为本质（"第二本体"）规定个体的属性，从而架起实存个体之"本

---

① Aristotle: *Metaphysica*, 1014^{b}2—3.

第二章　形式逻辑作为形而上学：实存者的哲学建构

体—现象"结构，承载必然因果联系。

一个三段论总是关涉某个特定主项也即某个实存者，所以亚里士多德称之为"原初三段论"以及相应的"原初论证"。"原初"含"元素"之义。亚里士多德就此写道："'元素'意指一个事物内在的原初构件，种类上不可划分成其他种类。例如，言语的元素是言语所由组成的部分，它最终划分成这些部分，而它们不再划分成种类上不同于它们的其他言语形式。若它们被划分，则它们的部分仍属同种类，犹如水的一个部分仍是水（而音节的一个部分不是一个音节）。同样，那些谈论体的元素的人乃意指体最终被划分而成的东西，而它们不再被划分成种类上相异的其他东西。无论这类东西是一个还是多个，他们都称这些东西为元素。所谓几何证明的元素，以及一般地论证的元素有着相似的特征。因为，原初论证（它们每一个皆包含在许多论证之中）被称为论证的元素；原初三段论（它有三个项，借助一个中项进行）也具有这种本性。"① "原初三段论"和"原初论证"具有作为元素的特征：不可再分的单一整体以及普遍适用于作为三段论和论证的构件。总之，一门科学总是涉及无数实存个体，从这个背景就可以玩味"原初三段论"或"原初论证"之作为"元素"的意涵了。

---

① Aristotle: *Metaphysica*, 1014^a26–1014^b3.

第三章　形式逻辑作为方法论：本质性知识和特性知识的逻辑原理

西方哲学作为知识哲学就其在辩护脉络展开而言，从亚里士多德形而上学开始，走过了近代自笛卡尔开启的认识论发展，到现代由逻辑实证主义主攻的方法论路线这一漫长历程。这部哲学发展史依次相应地把知识哲学的重心和焦点放在认识对象、认识主体和知识本身之上，并在"自然界—人—语言"这一架构中展开其哲思运行。尔后，随着现象学存在论以及波普尔（K. Popper）肇始的科学哲学运动兴起，这知识哲学转入了发现脉络去探究发现的哲学。

亚里士多德的形而上学以形式逻辑建构实存者。这样，缘于形式逻辑事关知识本身的原理，他的哲学就天然地包括方法论的部分。他的哲学可以说围绕着"知识对象实存者是什么样的？"以及"知识本身是什么样的？"这两个问题展开。至于"认识主体"，他只是提及"感觉""知觉"和"思想"，点到而已。经过文艺复兴时期，近代哲学除了面对存在外，更是乘着"对人的觉醒"而面对"人"，"在笛卡尔看来，人的整个本质在于心灵"。[①] 他的"观点把哲学中的首要地位赋予认识论——即对我们能知道什么和如何知道的系统研究"[②]。从笛卡尔到康德的认识论

---

① 肯尼：《牛津西方哲学史》，第110页。
② 同上书，第112页。

第三章　形式逻辑作为方法论：本质性知识和特性知识的逻辑原理

运动是西方哲学史上席卷欧洲大陆和英国的唯一一以贯之的哲学传统。

视诸现代方法论，亚里士多德方法论显现两个相关的特点。一是同形而上学关系极其紧密。尽管按理说，方法论是在知识本身层面上对形而上学原理的落实，但亚里士多德一手直接同时缔造形而上学和方法论（分别出之以《形而上学》和《逻辑学》），一双孪生儿可谓血肉相连。现代方法论是继近代认识论之后才兴起的，并同形式逻辑的现代发展即数理逻辑相汇合，蔚为大观，成为独立的哲学运动，造就了二十世纪西方哲学的所谓"分析时代"。二是较为单纯。这同它的上一个特点直接相关。现代方法论不特以之前的哲学发展为依托，而且还拥有科学产生乃至科学革命的科学史背景，所以，发展成了庞杂繁复而又精致细化的学说体系。

亚里士多德的形而上学和方法论为后来科学的产生奠定了不可或缺的哲学基础。他的方法论酿成了十九世纪西方哲学的重要观念：科学是"讲究方法的（methodical）知识"。这尤其为以社会领域为对象的科学探究树立了标杆，可以说成了一种划界判据。

亚里士多德的方法论从他的形而上学接过"关于本质的知识"和"关于特性的知识"这个区分，围绕这个"主规定"展开，形成相应的两大部分。

一　方法论基本原理

亚里士多德为"本质知识"和"特性知识"分别制定了相应的方法论原理。除了这两大部分，他的方法论还涉及与它们共同有关的一些比较基础性的问题，这就是方法论的若干基本原理。上面说到，在亚里士多德那里，方法论和形而上学关系紧密。这里还要强调一点，这种紧密已导致两者往往融为一体，而究其根源，在于两者皆出之以形式逻辑。

知识和意见

众所周知，柏拉图就已提出这个问题。他出于不同的形而上学立场。他认为，存在的是"理念"本身，人以思维与之对接而达致知识，而人以感觉对接个体事物，所得者为见解而非知识，个体事物并无存在可言，不是知识的对象。亚里士多德则揭示，本体是个体事物的本体，是其现象的本原和原因，所以实存个体才是知识对象，其本体以及由此原因导致的现象作为其特性是知识的目标。亚里士多德正是基于这形而上学立场而从方法论层面研讨"知识和意见"。

（1）亚里士多德表明，知识乃是思维之把捉个体的本质性，而意见则是感觉对个体偶然现象的把捉。

这里的关键是如他的形而上学所表明的，个体的现象是个体之本质的现象，而本质是现象的本质。知识是基于这条形而上学原理的产物。意见则不然，它把两者割裂开来，进而又仅止于凭感觉去把捉对象的偶然现象。亚里士多德强调，意见是以感觉去对接现象所得，可是两者并不相同，也不总是为真。他写道："关于真理性，我们必须力主，并非所出现的一切皆为真的。这首先是因为即便感觉——至少是对所考虑的感官之特有的对象的感觉——并不虚假，现象也还并不与感觉相同。其次，对反对者提出的这样的问题大惊小怪，无可厚非：量的大小，颜色的如许性状，究竟如远观者所见，还是如近在眼前所见……再者，在感觉本身之中"①，感觉的可信性也会因对象、感官种类、时间而异。"这一切观点破除了这种必然性，弄得一切都无必然性可言，因为，它们弄得一切都无本质可言。因为，必然的东西不可能既这样存在，又那样存在，以致如果有什么东西是必然的，则它就不会是'既这样又不这样'。"②值得注意，亚里士多德在此还强调了，个体之"基底"对于感

---

① Aristotle: *Metaphysica*, 1010^{b}1-15.
② Op. cit., 1010^{b}26-29.

第三章　形式逻辑作为方法论：本质性知识和特性知识的逻辑原理

觉来说是客观在先实存的。他说："一般说来，如果只有可感东西实存，那么本来就会什么都没有，若没有生物的话，因为，本来就不会有感觉官能。于是，认为可感性质和感觉本来都不实存的观点，无疑是真确的（因为它们是知觉者的习性），而认为引起感觉的基底离开感觉本来甚至都不实存的观点，则是不可能的。因为，感觉无疑不是对它本身的感觉，而是在感觉之外有某种东西在，后者必定先于感觉。"① 其实，个体之客观实存归根结底正在于其基底，它的本质和现象及其间的必然联系都在于此。知识正是盯住它，而意见只盯住那现象本身，后者是偶然的且又依从于感觉。

亚里士多德正是强调，知识和意见对象不同。他写道："知识是对属性例如'动物'的领会，认为它不可能是别样的，意见则领会，'动物'能够是别样的。例如，认为动物是人的本质性的一个元素，这种领会是知识；认为动物可谓述人，但不是人的本质性的一个元素，这种领会是意见。人在这两个判断中都是主项，但属性固有方式不同。"② 知识乃关于事物的本质（把"动物"把握为人的本质，出之以定义），意见乃关于事物的现象本身（认为"动物"只是人的偶性）。值得指出，这里亚里士多德提出所谓"本质性"（essential nature）。显然，它是对个体之本体即本质和本质属性的合称，是他从方法论对知识目标的把捉。这在下面还要详细研讨。

（2）亚里士多德表明，知识，包括本质性和特性及其联系的知识都是必然的，而意见则可以这样也可以不这样。

他对这一点做了详细解说："科学知识及其对象之不同于意见和意见对象，在于科学知识是相当普遍的，且按必然联系行进，还在于必然的东西不可能又是别样的。所以，尽管存在一些东西，它们是真确的和

---

① Aristotle: *Metaphysica*, 1010^{b}30-36.
② Aristotle: *Logica · Analytica Posteriora*, 89^{a}33-38.

实在的，然而又可能是别样的，但科学知识显然不关涉它们：若它关涉它们，则可能是别样的事物本来就不可能是别样的。它们也毫不关涉理性直观——我说的理性直观是指科学知识的创始源泉——也毫不关涉不可论证的知识，后者是对直接前提的把握。这样，既然理性直观、科学和意见以及这些词项所揭示的东西乃是仅有的可能为'真'的东西，那么，结果就是，关涉可能为真或假的、可能是别样的东西的乃是意见。事实上，意见是对直接的但非必然的前提的把握。这观点也适合于观察事实，因为意见是不稳定的，而且我们已说成是意见之对象的那类存在也是这样。此外，当一个人认为一条真理不可能是别样的时，他总是认为，他有了它的知识，而绝不会认为他有了它的意见。当他认为，一种联系尽管实际上是如此，但很可能是别样的时，他认为，他有了它的意见。因为，他相信，这就是意见自己的对象，而必然的东西是知识的对象。"① 这里尤可注意到，亚里士多德提出，事物的本质性即本体是思维以"理性直观"把捉到的，这里有并重的两者："理性"和"直观"。"直观"是思维的直接领悟，"理性"则是以个体的本质为目标。显然，这是对"发现"的最早的方法论贡献，值得大书一笔。他指出，意见也可以是对事物的直接领悟，然而，这不以事物的本质性为目标。

（3）亚里士多德以"定义"和"论证"来给知识和意见做方法论划界：对实存个体的本质和特性才能用上定义和论证的方法，得到知识，对流变可感个体本身用不上它们，只能形成意见。

他强调，知识是关于本质性和特性的："真实情况也许是这样的：如果一个人按他把握论证所由发生的定义的方式把握真理（它们不可能异于所是者而成别样），那么，他将得到的不是意见而是知识。另一方面，如果他把这些属性视为它们的主体所持有，而非缘于主体的本体和

---

① Aristotle: *Logica · Analytica Posteriora*, 88^{b}30–89^{a}11.

本质性，那么，他拥有的是意见而非真正知识。此外，他的意见若通过直接前提获致，则将兼而关乎事实和合理的事实，若不是这样获致，则仅仅关乎事实。"① 他表明，定义和论证作为科学方法正是适用于本质性和特性而产生科学知识的。他就此写道："如果说论证是关于必然真理的，并且定义是一种科学方法，以及，如果说正如知识不可能时而是知识，时而是无知，而如此变化不定的状态是意见，同样，论证和定义也不可能这样变化不定，而处置能异于现状而成别样的东西的是意见，那么，显而易见，不可能有对可感个体的定义，也不可能有关于可感本体的论证。因为，当消逝中的事物从我们知觉消失时，那些掌握相关知识的人就对它们茫无所知了。并且，纵使表式还留在心中保持不变，但也将不复再有定义或论证。这样，当有个定义炮制者给个体下了定义时，他必定认识到，他的定义可能总是被推翻，因为给这样的事物下定义是不可能的。"② 总之，对实存个体仅仅从其作为可感现象去把握，是不可能用上定义和论证的方法的。

知识的逻辑—语言形态

亚里士多德以其形而上学为存在者的实存塑造了逻辑—语言形态。转到方法论层面，可以说这形而上学原理乃升华为知识的灵魂。同时，亚里士多德进而以方法论铸就了知识的形体，使之呈"骨肉停匀"之态。无疑，知识的这方法论形体正是形而上学的"形式性之魂"显灵之所。范畴、命题和推理及其语言形态——词项、语句和议论现在转成知识本身的形态，并得到进一步精制。

（1）亚里士多德对知识的基本形态即作为陈述句的范畴命题做了精致划分。

---

① Aristotle: *Logica · Analytica Posteriora*, 89^{a}17–23.
② Aristotle: *Metaphysica*, 1039^{b}32–1040^{a}7.

所谓"知识的基本形态",是指无论本质性知识还是特性知识都取命题—语句(陈述句)形态。

他区分开简单命题和复合命题、肯定命题和否定命题。"一类命题是简单命题,即肯定或否定某事物,另一类为复合的,即由简单命题复合而成者。一个简单命题是一个陈述,其意义关涉某事物按时态划分而在现在、过去或将来存在或不存在于一个主项中。一个肯定句是就某个事物而对某个事物的正面断定,一个否定句则是负面断定。"①

他还区分开了全称(普遍)、特称(特殊)和单称(个体)命题。他写道:"有些事物是普遍的,有些是个体的。我说'普遍的'这词项意指这样的东西:它意味着许多主项,而'个体'的,意指它不意味着这样。例如,'人'是个普遍主项,'卡利亚斯'是一个个体主项。我们的命题必定时而关涉一个普遍主项,时而关涉一个个体主项。于是,一个人就一个普遍主项陈述一个肯定的和一个否定的普遍性命题……意味着提出'每个人都是白的''没有人是白的'这类命题。"②"语词'每个'并未使主项成为普遍的,而是赋予这命题以普遍性。"③这里指出,应区分主项的普遍性和命题的普遍性。"我说的'特殊的',是指某个事物属于或者不属于某些别的事物,或者不属于它们全部。"④

(2)亚里士多德把标示本质性的命题区隔出来,称之为"公理"和"假说"。

他表明,一门科学作为一个知识体乃包括两类命题,其中一类为公理,是据以夫对另一类命题(特性知识命题)做论证的出发点,而本身乃不证自明。他说:一门科学所处置的命题,"它们有的必定是可论

---

① Aristotle: *Logica · De Interpretatione*, 17^{a}20-26.
② Op. cit., 17^{a}37-17^{b}4.
③ Op. cit., 17^{b}12-13.
④ Aristotle: *Logica · Analytica Posteriora*, 24^{a}17.

第三章　形式逻辑作为方法论：本质性知识和特性知识的逻辑原理

证的属性，其他则必定是公理（因为，关于它们，全都不可能该有论证可做）"①。

基本真理也可以是假定，亚里士多德称之为"假说"（hypothesis），它本身不可证明，其真理性由所推衍出的事实之真理性来确立。他就此写道："一门科学的各个假说包括在它的前提之中。……假说假定事实，后者的存在取决于所推出的事实之存在。几何学家的假说不是虚假的。有人认为它们是假的，并力陈切莫采信虚妄，当几何学家说他画的线一尺长或者是直的，但实际并非如此。此时，他是在诒假话。真相是，几何学家不是从他所说的那特定的直线之存在，而是从他画的图所象征的东西引出结论。"②

（3）亚里士多德表明，知识作为实存个体的本原和原因在方法论上落实于通过推理确定"中项"，从而三段论成为知识的主要逻辑—语言形态。

他提出，我们认识事物实际上是在提出四种问题，并加以回答。他写道："我们提出问题，其种类多如我们知道的事物种类。它们实际上有四类：1.一个属性和一个事物的联系是不是一个事实，2.这联系的理由是什么，3.一个事物实存与否，4.这事物的本性是什么。所以说，当我们的问题关涉一个事物和属性复合体，我们问这事物是如此还是别样地限定——例如太阳遭受了食与否——时，我们是就一个联系这事实发问。这一点的一个迹象是：随着发现太阳遭受了食，我们的探究也就终止；如果我们一开始就知道，太阳遭受食，则我们就不会探究它遭受食与否。另一方面，我们知道了这事实之后，就会再问理由；例如，当我们知道，太阳在被食，地震在进行中，我们探究的就会是日食或地震的理由。可见，在关涉一个复合体的场合，我们提出这两个问题。但对于

---

① Aristotle: *Metaphysica*, 997ᵃ6-7.
② Aristotle: *Logica · Analytica Posteriora*, 76ᵃ38-43.

某些探究对象，我们会提出另一类问题，例如，半人马神或上帝存在与否。（我说的'存在与否'，是指'不做进一步限定之下存在与否'；这与例如'是不是白的'相对待。）另一方面，当我们确定了事物之实存以后，我们便探究它的本性，例如提问'那么，上帝是什么？'或者'人是什么？'。"①

总之，他表明，我们面对实存个体求知，那是在问，它实存，那它的本性呢？它有某个特性，这是事实，那它的理由呢？他进而表明，这本性和这理由是一回事：原因。于是，知识就在于运用三段论即推理来确定作为原因的"中项"。他写道："我们得出结论：我们的一切探究全都是在问，有没有个'中项'或者这'中项'是什么。因为，'中项'在此正是那原因，而我们在所有探究中都是在寻找原因。例如，'月亮遭到食了吗？'意为'有没有一个产生月食的原因？'，而当我们知道了有原因时，下一个问题是：'那么，这原因是什么？'因为，一个事物因之而存在——非是这或者那，即有这或者那属性，而是不带限定地存在——的原因和它因之而是——非不带限定地存在，而是是这或者那，如有某个基本属性或者某个偶性——的原因同样地都是'中项'。我说的不带限定地存在的东西，是指主项，例如月亮、地球或太阳或者三角形；所谓一个主项所是的东西（在部分的意义上），是指一个特性，例如食、相等或不等、干涉或不干涉。因为，在所有这些例子中全都显而易见：事物的本性和事实的理由乃相同。"②"于是，显然，所有问题皆为寻求一个'中项'。"③

总之，知识在于寻找原因，而方法论揭示，这出之以三段论的"中项"，而"推理"也即"论证"之方法论地位正系于此。只有成为三

---

① Aristotle: *Logica · Analytica Posteriora*, 89^{b}21-35.
② Op. cit., 90^{a}5-15.
③ Op. cit., 90^{a}35.

第三章　形式逻辑作为方法论：本质性知识和特性知识的逻辑原理

段论的"中项"，原因才成其为原因，也才取得知识的地位。

知识的逻辑规范

方法论在很大程度上是知识的合法性理论。就此而言，亚里士多德可说是首开其端。如果说他的形而上学表明了，以形式逻辑建构的实存者"是怎么样的"，那么，他的方法论则表明，关于实存者的知识"应当是怎么样的"。实际上，这里正是事关形而上学的实存者原理转变成为方法论的知识规范学说。视诸现代方法论，亚里士多德在知识规范学说方面乃至就他的整个方法论而言，已相当完备，尽管尚属草创。

亚里士多德提了九条知识规范：客观性、确定性、形式性、因果性、必然性、普遍性、真理性、分析性和学科性。这些作为"原理"，大都已在前两章里做过详尽阐发。因此，除了最后三条（它们在那里仅稍做涉猎）而外，这里对其余六条仅从方法论着眼做简扼研讨。

（1）这里对亚里士多德关于这六条知识规范的方法论思想一一加以阐发。

（i）客观性。形而上学把实存者建构为实存个体的本体和现象，其客观性在于它们是自然事物所具有的，同作为认识者的知觉和思维相对待。方法论要求知识采取逻辑—语言形态，知识的客观性于是得到固化。这样，知识的客观性规范之落实就有了保障。这里尤其要强调，形式逻辑首先是并且根本上是事物的逻辑和语言的逻辑，而形式逻辑作为方法论正是由此来规定和保证知识的客观性。如康德所强调的，形式逻辑后来脱离哲学的轨道，演变为思维训练的学科，发展成所谓"普通逻辑"。按照后者，逻辑是"思维的形式和规律"，揆诸初衷，显然这真是南辕北辙，逻辑成了主观的东西。其实，真要说"思维训练"，逻辑应奉为思维的规范才是。

应当指出，知识的各条逻辑规范是互相密切联系的，实际上都是本质相关的。客观性可以说是其余各条的基础和前提。没有客观性，知识就不成其为知识，而有了它，知识也才有其他各个属性。

（ii）确定性。知识在于从变化中把捉确定性即不变性。正是一本这个宏旨，形而上学追索到确定性的载体——事物之作为其现象变化之本原和原因的本性。由此而起，知识转归为对本质的认识。确定性规范现在就成为对事物在本质层面的确定性原理即同一、不矛盾和排中等原理的遵从。概念由定义加以确定，其语言形态即语词以确定语义表达之。为避免自然语言的歧义性，语词也可以形式化为符号，从而大大提高确定性。它们所组成的命题则出之以高度确定的"表式"，后者又组成"论证"即三段论，这些都可以符号化。这就从逻辑—语言层面呈现一幅知识确定性的图景。显然，下述形式性又对确定性规范起了很大的保证和促进作用。

（iii）形式性。知识之区别于意见，在于把握事物之本质性。就辩护脉络里的现成知识而言，这本质性同一于形式性。形式性在于把对象凝结为形式的东西，从而使得知识所成之对对象的表示即表象具有某种独立自在性，由此保证了知识的客观性。同时，也保证了知识的确定性，因为形式同一于作为确定东西的本质。这是从逻辑方面说的。逻辑是语言的逻辑。这样，逻辑作为形式和本质的一体化，现在又成为形式、本质和语言三位之一体化。语言，尤其符号语言将形式固化和纯粹化。无疑，这从形式方面在根本上保证和加强了知识的客观性和确定性。可以说，知识的形式性乃其客观性和确定性所系。值得强调指出，亚里士多德逻辑之为"形式逻辑"端在于它作为形而上学和方法论乃保存存在者之实存的形式性以及知识的形式性。

（iv）因果性。知识在于把捉作为原因的本体。这是形而上学的核心观念。转到方法论层面，这是说，知识成其为知识，乃缘于它对自然事物之因果性的把握。范畴和命题即语词和语句呈现原因，也呈现结

第三章　形式逻辑作为方法论：本质性知识和特性知识的逻辑原理

果，推理即三段论（议论）则以中项为原因来呈现因果关系或者说因果律。全部知识围绕因果关系展开。知识以因果性而区别于意见。知识乃关于本质性和特性，两者皆关涉原因，前者本身即为原因，而后者乃以前者为原因，常识所关涉之偶性是没有原因可寻的。不特如此，知识作为"理论科学"还以之区别于所谓"生产性"和"实践性"知识。前者是"关于为什么"的知识，后者则是"关于什么"和"关于如何做"的知识。因果性是事物所固有的，知识的因果性正体现出知识所深蕴的客观性，反过来也巩固了后者。原因作为本质是确定的，其结果也是由因果性所确定。事物之确定性乃由因果性支撑着。因果性由三段论演绎，三段论有各种"格"和"式"，它们把形式性张扬到极致。知识之形式性很大程度上体现在"论证"也即因果律的形式之上。可以说，因果性这个逻辑规范对于科学知识也即本来意义上的知识具有表征性的意义。

（v）必然性。如前所述，知识之区别于意见，主要在于所把捉住的原因即本质及其与现象结成的因果关系都出之以必然的表式，也即它们只能是这样，而不能是那样。关于偶性的意见则不同，它们可以是这样，也可以是那样，甚至可以是相反的。形而上学揭示，求知识的初衷在于寻找令人惶恐的光怪陆离现象背后的规律性，由此抚慰心灵，找回安全感。同时，既为规律，就必定是必然的。把必然性树为逻辑规范，是知识的题中应有之义。显然，这个规范也是令科学知识区别于"关于什么"和"关于如何做"的知识的示差特征，因为后者没有必然性。知识带必然性，自不会理会认识者的知觉和思维，显然也增强了知识的客观性。如果说，"确定性"笼统地从总体上规定了知识之应是确定的，那么，"必然性"则着眼于核心意义来展现其内涵。必然性乃以形式性为条件，它之于后者，犹如毛之于皮。原因及其与结果的关系是必然的，知识的必然性规范正系于此。

（vi）普遍性。知识是对普遍的把捉。"普遍性"乃与知识之"本质性"偕与俱来。知识要把捉作为本原的本质,就必须不仅超越质料,而且还要超越个体,因为个体总是作为类的成员而成为认识对象。所以,知识总是普遍的,覆盖类所包含的全部个体。在方法论层面,普遍性规范占居了主导地位,因为它是对类即本质之实存的表达,后者可以说以普遍和必然这两个逻辑属性为主要表征。普遍性之确立类的实存,显然确立并加强了知识的客观性。普遍性是作为本原和原因的本质的普遍性,既然如此,确定性也就从个体扩充到了个体组成的类,弥漫整个知识体。论证即三段论所以能成为形式,端赖于类之本质的普遍性,推理其实就是类的属性基于这种普遍性而向成员个体转移(方法论上可以说由个体分有)。既然普遍性是原因的普遍性,所以因果关系便遍及全部个体之全部现象,于是知识作为因果性原理得以成立。必然性是因果律的必然性,缘于此,这必然性因着原因的普遍性而成为普遍必然性。所谓"知识是普遍必然命题(判断)",正是道出这条方法论原理。

(2)亚里士多德表明,命题的真理性是知识的带根本性的逻辑规范。

前面第二章里已指出,亚里士多德表明,实存者以范畴命题形态实存,这"存在"从对它的认识也即知识本身来说乃是真理性。可见,真理之于知识,一如存在之于实存者。所谓"带根本性",其意义正在于此。因此,他写道:"这样说也是言之有理:哲学应当称为关于真理的知识。因为,理论知识的目的是真理,而实践知识的目的是行动(因为,即便实干家考察事物如何存在,也不会去研究永恒者,而是研究相对者和现存者)。"① 这就是说,形式逻辑作为形而上学和方法论都是关于真理的知识。总之,知识在根本上就在于是真理。

亚里士多德从方法论层面表明,知识的真理性乃系于作为命题的语

---

① Aristotle: *Metaphysica*, 993^{b}19—22.

第三章　形式逻辑作为方法论：本质性知识和特性知识的逻辑原理

句。他说："如同在心智中既有不涉及真或假的思想，也有必定要么真要么假的思想，同样，在言语中也是如此。因为，真和假蕴涵着结合和分离。名词和动词倘若不添加些什么，那就会如同未经结合或分离的思想；'人'和'白的'作为孤立的词项，还不会是要么真要么假的。为了证明这一点，试考虑'山羊—牡鹿'这个词。它有意涵，但关于它没有真或假可言，除非添加上现在时或其他时态的'存在'或'不存在'。"① 他还指出，语句形态能使命题的真理性变得更其清晰。他就此写道："同时碰巧会有这样的情形：业已被说出来的东西将得到确证，且它的真理性由我们正要说出的言语弄得更其清晰。"②

真理性本是实存者之存在。认识者言说此形而上学事况，知识便将真理性出之以语句的逻辑属性，并使之益发显豁，从而徒增客观性，因为实现知识之真理性在于语句之和实在符合。真理性蕴涵着要么真要么假，这就张扬了以确定性为灵魂的逻辑"三规律"。三段论作为形式唯在于确保发源于本体的因果关系的真理性，而三段论所以能成为因果关系的形式，端在于它确保结论之作为原因的推论的真理性。知识作为真理，必须是普遍必然的。首先是必然真。知识唯着眼于必然去观照对象，自然给出必然的真理。知识复又普遍真。知识把捉普遍，其所予者当然是普遍真理。刚才提到的那条方法论原理现在翻版成"知识作为命题是普遍必然真理"。

（3）亚里士多德表明，命题的分析性是保证知识达致把握本质的基本规范。

他指出，知识乃通过分析而从事物之感性整体进而去把捉到其作为超越的一般之本原。他就此写道："当任何部门中的探究以本原、条件和元素为对象时，这探究乃通过知晓这些东西而达致知识即科学知识。

---

① Aristotle: *Logica · De Interpretatione*, 16^{a}9-18.
② Aristotle: *Logica · Analytica Priora*, 47^{a}6-8.

因为，我们要到知晓了一个事物的原始条件或原动本原，要到进行了分析，直至它的最简单元素时，我们才认为，我们认识了它。"① "所以，在本探究中，我们务必遵循这方法，从本性上更为晦暗的但对我们来说较为清晰的东西进到本性上较为清晰也较可认知的东西。我们乍一看来觉得明白显豁的东西其实是相当含混的团块，其元素和本原是我们后来通过分析认识到的。因此，我们必须从一般进到特殊；因为，感官知觉精通的是一个整体，一般是一类整体，其中包含着许多东西，如各个部分。"② 总之，知识在于从感性整体出发，通过分析而从部分和元素去洞察那超越的普遍即本质。

亚里士多德进而区分开知识的分析命题和综合命题，由此凸显知识的分析性。他做了详尽阐发。为此，他以"学习知识"为例，对之做方法论的分析。他表明，知识的传授都是从预先有的知识出发进行的论辩。他写道："所需要的预先有的知识有两类。在有些情形里，必须接纳事实，在另一些场合必须理解所用的词项的意义，有时这两者都是必要的。例如，我们假定，每个谓项都能么真地肯定要么真地否定任一主项，'三角形'意谓如此这般。"③ "认知一条真理在有些情形里可能兼而包含两项因素：预先有的知识以及与该认知同时习得的知识——后者乃是关于实际上落入普遍之下的并且在那里其实已属已知的特殊的知识。例如，学生事先就已知道：每个三角形的各角都等于两直角；可是，在他受到指导而认识到，在他面对的事例中这是真的，只是这时候，他才知道，'半圆中内接的这个图形'是一个三角形。……在他得到指导而达到认知之前，或者在他实际引出一个结论之前，我们该会说，

---

① Aristotle: *Philosophy of Nature · Physica*, 184^{a}9-14.
② Op. cit., 184^{a}18-184^{b}9.
③ Aristotle: *Logica · Analytica Posteriora*, 71^{a}11-14.

第三章 形式逻辑作为方法论：本质性知识和特性知识的逻辑原理

他有点儿知道，有点儿不知道。"①

这里说的两类"预先有的知识"即为分析命题和综合命题。对分析命题，掌握了其词项的意义，就可判断其真理性，它的词项是全称的，即"不加限定的"。综合命题的真理性在于它"对事实的接纳"，即符合事实或者说承认事实，它的词项是受限定的，如"'这个'内接于半圆中的图形"、学生以往亲身经历其为真的那些三角形或数。这里表明，"学习"实际上是以三段论从分析命题推出综合命题，这推理作为论证，也就是给出综合命题的原因和本原，学习者从而真正认识了原先所知的事实，进步到从理解语词意义达致真理即知识。总之，知识作为普遍必然真理，乃是分析命题。

奎因（W. Quine）把"分析命题和综合命题的区分"列为经验主义的"两个教条"之一，另一个为承诺存在基本命题（关于基本事实即可直接验证的事实的命题）。其实，它们构成辩护脉络中的知识理论（包括形而上学、认识论和方法论）的两大支柱。分析性作为方法论的逻辑规范，其重要地位当从此一高度来掂量。

事物以其个体—类格局、实存的本体—性质模式和本体—现象结构而更形客观实在性，而知识乃通过其分析性把捉到对象的这一客观层面。这就是说，知识的分析性是其客观性的重要机制。知识以分析性而把其确定性引入对象的构成部分和本质的层面，从而使之弥漫整个知识体。范畴、命题和推理（论证）都是形式，它们是分析的产物和体现。知识的形式性和分析性结成了表里关系。知识的核心追求是找原因和本原，而这是通过分析达致的，因为原因是实存个体现象的原因，知识在于从个体本身即内部去找这东西，故唯有通过分析一途。因果关系的必然性乃是从一般到个别的必然联系，显然是分析的。分析通过个别和部

---

① Aristotle: *Logica · Analytica Posteriora*, 71^{a}16-26.

分把捉到本质，它是普遍。无疑，知识通体充满分析精神，而这是科学的方法论表征。

（4）亚里士多德表明，知识总是结体为学科，因为本质性和特性以及主项总是联属于特定的类（属）。这就是"学科性"规范。

他表明，所有本质性、特性和主项以及它们结成的论证关系都联属于特定的类和学科。每一门科学都只处置特定的本体即特定类的本质性和特性。他就此说道："一般说来，所有本体都落在一门科学之下还是一门以上科学之下？如果是后者，则本门科学该指派给哪一类本体呢？——另一方面，说一门科学应当处置一切，是言之无理的。因为，这样的话，就会是一门论证性科学处置一切属性。"[①]

他还表明，每一门学科都关于或者说对应于一个特定的自然事物领域。他就此写道："一门单一的科学，其领域是个单一的属，也即全部主项皆由该属的各个原初实体——这总主体的各个部分——及其基本特性构成。当一门科学与另一门科学在基本真理上没有共同源头，并且一门科学的基本真理也不是从另一门的导出时，它们是不同的。当我们达致一门科学之不可论证的前提时，这一点就得到了证实，因为这些前提连同结论必定处于一个属之内。并且，如果为它们所证明的这些结论都落在一个属之内——是同种类的，那么，这就又得到证实。"[②] 一个"域"是由一个个"原初实体"（它们构成一个属，他称之为"主项属"）支撑起来的，一门学科就对应于一个特定的域。学科间的差别说到底乃由"主项属"决定。每一个主项属都给出一条基本真理，从而造成一门学科。总之，关于一个由主项属规定的事物域的知识，包括本质性知识和特性知识乃总是结体为一门学科，而各个命题总是同一门特定的学科相联属。

---

① Aristotle: *Metaphysica*, 997^{a}15-19.
② Aristotle: *Logica · Analytica Posteriora*, 87^{a}37-87^{b}4.

第三章 形式逻辑作为方法论：本质性知识和特性知识的逻辑原理

个体的实存之客观性由于其就知识而言总是作为类成员实存而得到整固。知识的学科性作为对类所成之域的把捉正是折射出客观性的这个底蕴。词项、语句和议论的意义之确定性总是同特定学科相联属，脱离学科就无确定意义可言。学科性决定了知识总是结体为形式系统——公理化结构的形式系统。个体实存者的本体作为原因乃是本质即"主项属"的本质，所以，因果联系乃在域中展开，而学科正是表现了此一场景。支配实存者之本体—现象结构的必然因果联系，其作为前提的原因总是学科的基本原理，这决定了必然性安置于学科的形式体系之中。尤其是，知识的普遍性不是抽象的，而是在特定学科范围内的普遍性。本质是类的本质，这决定了其真理性以及作为其必然推论的特性知识命题的真理性皆依从于所属的特定学科。分析乃从对象的整体入手。转到知识层面，学科的形式系统之整体性同样作为必要又重要的环节纳入知识的总成之中，而分析性总是融入学科的形式系统总体的脉络之中。

本质性知识和特性知识

亚里士多德表明，知识在于把捉实存者的本体即作为原因的本质以及实存者以其存在本性而具有的固有属性。从这形而上学原理出发，他的方法论把知识分为两类：本质性知识和特性知识，它们密切相关。这方法论也就围绕这两者及其关系展开。

（1）亚里士多德表明，知识包括本质性知识和特性知识两类，必须把它们区别开来并联系起来。

他在《逻辑学》中从方法论上把这两类知识分别称为"本质性知识"和"科学知识"。"本质性"是对"本质"和"本质属性"的合称，"科学知识"则是指关于"特性"即非关本质的固有属性或必然属性的知识，区别于偶性知识和常识等非科学知识。这是亚里士多德给方法论下的最基本规定，构成我们循以把握他的整个方法论的最重要线索。

他表明,"本质性"就是事物之固有属性中关涉本质者,它们构成事物的本质也即本体——原因。他说,"一个事物本质上和实质上所是的东西"就是"它的本质性的诸'特有'属性",而"这些是它的本质性所仅有的属性,它们的完全综合乃是该事物所特有的"。"该事物的存在就在于这种综合"①,"如我们所说,知道一个事物的本质性,就等于知道它之实存的原因,而这一点的证据乃依从于这样的事实:一个事物必定有个原因"②。

他把关于非关本质的必然固有属性即"特性"的知识称为"科学知识"。他说:"当我们认定,我们认识到事实所依从的原因就是该事实的且非其他事实的原因,并进而认识到,这事实不可能异于它所是者的时候,我们就设定了自己已拥有关于一个事物的不受限定的科学知识,而这正同智者派相对立,他们乃以偶然的方式认识它。现在显而易见,科学认识就是这么回事。都看看两种人吧,一些人妄称获知,还有些人实际上是获知,因为前者只是想象自己这样,而后者在所述状况下实际上也是那样。因此,不受限定的科学知识的真正对象是不可能成为别样的某种东西的。"③

亚里士多德表明,本质性知识和特性知识这两类不同知识相互密切关联而构成了科学知识的整体。他就此写道:"不会有关于原初前提的科学知识,同时,既然除了直观,再没有什么能比科学知识更真确,所以,领悟原初前提的将是直观。这个结果乃缘于这样的事实:论证不可能是论证的原始源泉,因此科学知识也不可能是科学知识的创始源头。所以,如果说直观是除科学认识之外唯一别种真理性思维,那么,它将是科学知识的创始源头。科学的创始源头乃把握原初基本前提,而科学

---

① 参见 Aristotle: *Logica · Analytica Posteriora*, 92^{a}6-9。
② Op. cit., 93^{a}3-5.
③ Op. cit., 71^{b}8-16.

第三章　形式逻辑作为方法论：本质性知识和特性知识的逻辑原理

作为整体也类似地作为创始源头而同整个事实体相关联。"[①] 本质性知识在方法论上是论证的前提，特性即科学知识是论证之作为推理的结论。在这个意义上，前者是源头，后者正是有赖于它而成为"科学的"。同时，科学对于外部对象域来说，也是领悟作为"事实体"的后者的源头。

（2）亚里士多德尤其着重从方法论上区别这两类知识，表明本质性知识的方法就逻辑而言是定义，特性知识的方法是论证，同时，论证以定义为前提。

这一点上面已有所提及。他还做了更为详细的阐释。他就此写道："有人认为，因着必须认识原初前提，故而不存在科学知识。另一些人以为，科学知识是有的，但一切真理都是可论证的。这两种学说都不真确，也都不是从前提推演出来的必然推论。前一个学派假定，论证之外认识别无他途，因而力主，这里涉及无限倒退，其根据是，如果先在者的背后没有原初者，则我们就不可能经由先在者来认识后在者（在这方面，他们是对的，因为人不可能穿越无限系列）。如果另一方面——他们说——这系列有终端，并且有原初前提，那么，这些也还是不可认识的，因为不能进行论证，而在他们看来，论证是唯一的知识形式。既然无法知道原初前提，那么，关于由它们而来的结论的知识也就不是纯科学的知识，也根本就不成其为真正的知识，而停留为仅仅是假定：其诸前提是真实的。另一派赞同他们对认识的看法，认为认识只能靠论证，但他们轻率地认为，一切真理都是得到论证的，其根据是，论证可能是循环的和互反的。我们自己的学说是，不是所有的知识都是论证性的。相反，关于直接前提的知识乃独立于论证。（这里的必然性显而易见。因为，既然我们必须知道论证所由引出的在先前提，既然倒退必须终止于

[①] Aristotle: *Logica · Analytica Posteriora*, 100^{b}11-17.

直接真理，那么，那些真理就必定是不可论证的。）那么，我们的学说就是这样，此外，我们还坚认，科学知识之外还有它的创始源头在，后者使我们得以认知定义。"[1] 总之，科学知识的方法是论证，本质性知识的方法是定义，同时，两者本身乃至方法上都是相互密切关联又依存的。

二 本质性知识的方法论：辩证推理、理性直观和定义

"本质性"也就是实存个体作为类成员所共同之本质即类的形式。"特性"是实存个体因其存在本性也即"本质性"而具有的属性，它同样是类成员个体所共同的。所以，亚里士多德从方法论上强调，所有知识也即本质性知识和特性知识全都是关于类的，只是它们对类的所有成员个体是共同的。他强调，个体会生成和消灭，类则不会。因此，方法必须施加于类才能去获致本质性知识和特性知识。他写道："由于这个原因，并没有关于可感个体本体的定义或论证，因为，它们有质料，后者的本性使它们既能存在，又能不存在，而由于这个理由，它们的一切个例都是可消灭的。这样，如果论证是对必然真理的，定义是科学的处理，并且，如果正如知识不可能时而是知识，时而是无知，而如此变化的状态乃是意见，论证和定义同样也不可能若此变化，而意见倒是处置可能成为异于其所是者而呈别样的东西，那么，显然就不可能有对可感个体的定义，也不可能有关于它们的论证。因为，消逝中的事物在经过了我们的知觉后，它们对于那些拥有相关知识的人来说变得含混不清。尽管表式仍留在人心中不变，但不再会有定义或论证。当一个定义炮制者定义什么个体时，情形亦复如此。他一定认识到，他的定义可能总会

---

[1] Aristotle: *Analytica Posteriora*, $72^b 5$–24.

第三章　形式逻辑作为方法论：本质性知识和特性知识的逻辑原理

被推翻。因为，定义这种东西，是不可能的。"①

当然，本质性知识和特性知识对类成员个体都是有效的。问题是，用定义和论证的方法去获致它们时，是对类进行的，涉及个体也只是把它们作为类的成员对待。其实，这个思想——知识以类和普遍为目标——可以说是亚里士多德方法论的核心观念，而实际上他在形而上学中已经强调，知识是以普遍为目标的。

本质性知识是作为论证之原初前提的"基本真理"即公理

亚里士多德为知识建立方法论二元架构，首先把"本质性知识"放在主导的决定性的地位上，规定它是特性知识所由派生的原初知识，是作为知识体的学科的"基本真理"。这里，他提出了一些重要的方法论思想。

（1）亚里士多德表明，本质性知识是学科的"基本真理"，是由以获致特性知识的原初前提。

他表明，本质性知识是学科的基本真理也即论证的前提。他就此说道："论证性知识必须建立在必然的基本真理之上。因为，科学知识的对象不可能异于它所是者。本质地附属于其主项的属性乃必然地附属于它们：因为本质属性要么是其主项的本质性中的元素，要么把其主项作为元素包含在它们自己的本质性之中。（后一类所包含的成对对立面都是必然的，因为一个或另一个成员都必然地是固有的。）由此可见，论证三段论的前提必定是上述意义上的本质联系。因为，所有属性都必然本质地固有，否则便都是偶然的，而偶然属性对于其主项来说不是必然的。"②

基本真理总是同特定的学科相联属。"因此，显而易见，不是每一

---

① Aristotle: *Metaphysica*, 1039^{b}27–1040^{a}7.
② Aristotle: *Logica · Analytica Posteriora*, 74^{b}5–13.

个问题都同几何学相关,都同医学相关,或者都同任何别的科学相关:只有那些问题是几何学的问题,它们构成用于证明几何学定理(或者任何其他科学例如光学的定理,它们运用和几何学相同的基本真理)的前提。其他科学的情形亦复如此。"①

他还表明,各门科学都各有其特有的基本真理,同时也有些共同的基本真理。他写道:"论证性科学中所运用的基本真理中,有些是每门科学所特有的,有些则是共同的,但只是在类似的意义上共同,它们只在这样的限度内应用:它们处于构成各该科学的领域的属的范围内。特有真理举例说来有线和直的定义;共同真理比如是'从等量去掉等量,剩下等量'。这些共同真理大都只是要求处于各该属的范围之内:因为一条这种真理即便不是普遍地应用,只是由几何学家应用于量,或者由算术家应用于数,也将产生同样的影响力。"②

亚里士多德还表明,基本真理是据以获致科学知识即从论证得出的特性知识的原初前提。他说:"原初直接前提就是基本真理。"③"当着我说被论证的知识的前提必须是原初的,那意思是指,它们必须是'适当的'基本真理,因为我把原初前提和基本真理相等同。"④"基本真理就是前提,而前提乃通过并置一个新端项或插入一个新中项构成。"⑤

总之,本质性知识的方法论地位在于是学科的基本真理,是论证的前提,使得能够获致作为结论的特性知识。作为学科知识体的两个组成部分,它们在方法论层面的逻辑关系也正在于此。

(2)亚里士多德表明,本质性知识作为学科基本真理,乃是不可论证而自明的公理。

---

① Aristotle: *Logica · Analytica Posteriora*, 77^a40-77^b3.
② Op. cit., 76^a37-76^b2.
③ Op. cit., 88^b21.
④ Op. cit., 72^a6-8.
⑤ Op. cit., 88^b5-6.

第三章　形式逻辑作为方法论：本质性知识和特性知识的逻辑原理

首先，他指出，学科知识体包括两部分，关于本质性的知识的部分就是作为公理，给关于特性的"科学知识"由以产生的"论证"做前提。他写道："如果有一门论证性科学处置它们，则将必定有一个深层的类，并且它们有的必定是可论证的属性，其他的必定是公理（因为不可能会有关于它们的论证）。因为，论证必须从某些前提出发，必须关于某个主项，必须证明某些属性。由此可知，一切得到证明的属性都必定属于一个单一的类；因为所有论证性科学都运用公理。"① 他所以称科学为"论证性科学"，就是因为科学作为知识体，除了作为论证前提的公理而外，它所由组成的作为知识的命题都是从前提出发进行论证而产生的。显然，这知识体是公理化的体系。

其次，他强调，如刚才引文中已提到的，公理本身是无法论证的，是不证自明的，但可以借助论证方法而得到呈示。他就此写道："［我们］时而通过领悟一个事物的特征之一个元素，时而出于偶然而觉知它实存与否，例如当我们把雷鸣觉知为云层中的响声，月食觉知为光的丧失或者把人觉知为动物的某个种，或者把灵魂觉知为自运动的东西时，就是这样。每当我们偶而知道事物实存时，我们必定就觉知它的本质性而言每每处于完全负面的状态。……但另一方面，每当我们领悟事物特征的一个元素，困难就会减轻一点。所以说，我们对一事物之本质性的认知程度乃由我们由以觉知它实存的感受决定。"② "我们已指出过，本质性如何被发现，如何成为已知，我们还看到，虽然不存在对本质性的三段论——没有对它的论证三段论，但通过三段论即论证三段论，还是可把本质性呈现出来。"③ 把捉到事物"特征"（事物之"本质性"呈现出来而得到定义之前，暂且以此视之）的一个元素，便可通过论证确定它与

---

① Aristotle: *Metaphysica*, 997ª6-11.
② Aristotle: *Logica · Analytica Posteriora*, 93ª21-28.
③ Op. cit., 93ᵇ15-18.

事物之"事实"即现象之间的因果关系。积累这样的元素，便渐次达成呈现本质性。

（3）亚里士多德表明，知识作为信念，其根基在于对基本真理的信念。

知识作为信念是当代知识论作为方法论的核心课题。亚里士多德就已在这方面预示了重要的哲学洞见。他着力于把信念同基本真理联系起来，强调对它们的信念最为重要，是知识的根基。他就此写道："既然原初前提是我们知识——我们信念——的原因，那么，结果是，正是由于对结论的知识乃是我们对前提的知识的结果，所以，我们对前提的认识要好于对它们的结论——也即更相信前提。一个人相信一个事物，不可能超过对他认识的那些事物的相信，除非他拥有关于它的实际知识或者比后者更好的知识。不过，如果一个将信念建立在论证之上的学生没有预先的知识，我们便要面对这个悖论。一个人必定比起结论来更相信基本真理，至少其中的一些，如果不是全部的话。并且，如果一个人打算习得通过论证而产生的科学知识，那么，视诸要加以论证的联系，他不仅必须更好地认识基本真理，更牢牢相信它们，而且必须最确信也最好地认识到，这些基本真理在其特征上乃同导致相反对的错误的结论的那些基础前提相矛盾。因为，对纯粹科学的信念必须坚如磐石。"① 总之，"我所说的论证的出发点，是指那些共同信念，人人都基于它们进行证明"②。亚里士多德要强调的是，知识作为信念，关键在于对基本真理的信念，它是对于一个知识体的信念之本。

如前所述，亚里士多德哲学对于柏拉图哲学发生了从心智到语言的转向。但他保留了对知识之为真理的"信念"，而这主要是缘于他的方法论包括本质性知识和特性知识两大部分，前者作为不证自明公理，其

---

① Aristotle: *Logica · Analytica Posteriora*, 72^{a}31—72^{b}4.
② Aristotle: *Metaphysica*, 996^{b}26—27.

第三章　形式逻辑作为方法论：本质性知识和特性知识的逻辑原理

真理性只能建立在信念之上，而后者虽说真理性在于同事实相符，但作为前者的推论，因而其真理性归根结底也建基于信念。把信念引入知识哲学，这是亚里士多德又一开创性贡献。如前所述，当代知识论把这个问题重拾起来，把信念奉为方法论的核心观念。

本质性由辩证推理从意见通达

亚里士多德的方法论关于本质性知识的部分，其重点放在对本质性作为现成东西的把捉，从而以"定义"为其方法论基本原理。可是，关于本质性的知识——"基本真理是怎么产生的？"这个问题是无法回避的。于是，在这里，亚里士多德试图越出辩护脉络，闯入"发现"的脉络。实际上前面的引文中，他正是说到了"本质性如何被发现"和"如何成为已知"的问题。他在这方面提出了内容相当丰富的方法论学说。大致说来，"发现"包括三个环节：辩证推理、归纳（两者构成辩证法）以及理性直观（这属于真正的发现方法）。

（1）亚里士多德表明，意见和知识有着同一而共通的方面，因此，有可能由意见通达关于本质性的知识。

我们知道，方法论的首要原理在于洞察意见和知识的深刻差异，把它们区别开来，从而确立起知识的地位。然而，转向本质性知识的问题，亚里士多德更关注它们的同一方面，这里才是认知本质性的温床。他这样谈到两者的同一性："意见和知识的对象并不完全同一。正如真假意见的对象在某一意义上是同一的，这对象也只是在某一意义上是同一的。有人在某种意义上力主，真假意见可能有相同对象，这种意义导致他们抱持许多奇谈怪论，特别这样的学说：一个提出虚假意见的人根本不是提什么意见。'同一的'实际上有许多意义。在一种意义上，真假意见的对象可能是相同的，而在另一种意义上则不可能。例如，一个真意见是：对角线乃与边有公度，而持这意见会是荒谬的。可是，因为这两种意见都关涉的对角线是相同的，所以，它们就对象而言是相同的。另一方面，说到这两个对象的可定义的本质性，它们又是不同的。知识和意见的对象之同一性亦复如此。例如，知识把'动物'这属性把握为不可能是别样的东西，意见则把'动物'把捉为可能是别样的东西。例如，一个领悟到，动物是人的本质性的一个元素，这就是知识；另一个领悟到，动物是可谓述人的，但并非人的本质性的一个元素。在这两个判断中，人都是主项，但固有模式不同。"① 这就是说，意见和知识的对象可以是同一的，例如是事物的同一个属性，而区别在于知识从事物的本质性去把握这属性，意见则仅仅停留于这属性本身而已。然而，当本质性尚待发现，或者所把捉的属性同事物的本质性的关系尚未弄清楚之时，有关的意见难道不是循以进一步洞见本质性的门径吗？！或者本身就可能上升为知识。

亚里士多德正是循此思路深入洞察意见和知识的内在关系和联系。他写道："那么，在什么意义上意见和知识的对象能是一回事呢？再说，如果有人选择力主，他对之拥有知识的一切，他也能对之拥有意见，那么，为什么意见就不应该是知识呢？因为，他获取知识，他形成意见，两者沿相同思路前行，通过相同的中项，直至抵达直接前提。因为有可能不仅对事实而且也对合理事实形成意见，并且，理由成为中项，所以，既然前者是在获取知识，那么他形成意见也就占有知识。"② 这就是说，不仅对事实本身，而且也对"合理事实"，也即从探究事物之本质性的元素着眼去形成意见，那么，这活动也就是获取知识的活动。重要的是，意见往深处走而带上知识性，尤其直接触及本质性，正是缘于此，它成为走向本质性知识的辩证推理的出发点。

（2）亚里士多德表明，推理包括四种，其中两种即论证和辩证推理

---

① Aristotle: *Logica · Analytica Posteriora*, 89^{a}22-38.
② Op. cit., 89^{a}12-17.

第三章　形式逻辑作为方法论：本质性知识和特性知识的逻辑原理

是获取知识的，而辩证推理是从意见走向基本真理的途径。

亚里士多德在《逻辑学·论题篇》(*Logica · Topica*)中开宗明义表明，他乃为了端出"辩证推理"而来梳理推理的种类。他写道："本论著打算找到一条探究路线，循之，我们将能从关于向我们提出的每个问题的公认意见出发进行推理，同时，也能得以在面对论辩时避免说出什么不利己的话。这么说，我们首先得说说推理为何物，推理的种类又若何，以便掌握辩证推理。因为，这是本论著中我们面临的研究对象。"①

他对推理及其四个种类做了说明："推理是一种论辩，在其中，某些事物被规定下来，这些事物以外的某种东西就通过它们必然地产生。1. 当推理所由出发的前提是真实又原初的，或者是这样的：我们关于它们的知识原始地来自原初又真实的前提时，它是一种'论证'。2. 另一方面，如果推理从公认的意见出发，则它是'辩证的'。唯以其本身为根据而予以相信的事物是'真实'又'原初的'。因为，对科学的各条第一原理，要进一步问它们的原由，是不恰当的。第一原理条条都应当独自支配信念。另一方面，那些意见是'公认的'，在于它们为每一个人或者大多数人或者哲学家——为所有人或者大多数人或者他们中最显要最杰出者所接受。再是 3. 推理是'争议的'，如果它所由出发的意见似乎是公认的，但实际上并非如此，或者又如果它只是似乎从得到公认的或似乎得到公认的意见出发进行推理。因为，似乎得到公认的意见实际上并非全都是公认的。因为，我们称之为公认的那些意见，没有一个虚幻性让人一览无遗，如同争议论辩的原理的情形那样。因为，这些意见的谬误性是直白的，并且照例甚至悟性甚低的人也能看得一清二楚。这样一来，所提到的争议推理中，前一种实际上也堪称'推理'，但另一种则应称为'争议推理'，而不是'推理'，因为，它看来是推理，但实

---

① Aristotle: *Logica · Topica*, 100ª18-24.

际并非如此。再就是 4. 除了我们已提到的所有推理外，还有谬误推理，它们从各门特殊科学所独有的前提出发，如同几何学及其姐妹科学（作为例子）的情形那般。因为，这种形式推理看来不同于上面提到的诸推理。有人做成一种虚假的格来从既非真实和原初的且又未得到公认的事物出发进行推理。因为，他未落入定义范围之中，他未采纳每个人或绝大多数人或哲学家——所有人或大多数人或他们中的佼佼者所接受的意见。他进行推理，乃根据尽管对所论科学来说是恰当的但并不真实的假设。因为，他实施谬误推理，其方式要么是错误地画半圆，要么是画出根本不可能画成的某些线。"①

亚里士多德从知识角度考察这四种推理。争议推理不是从公认的意见出发。谬误推理未从事物本质性知识着眼考量推理前提。因此，这两者皆排除在方法论层面之外。论证属于特性知识相关的推理。因此，事关获取本质性知识的推理，就剩下辩证推理。

显然，辩证推理在于借助论证的推理形式来从作为前提的公认意见获取基本真理。

这里的"关键词"无疑是"辩证法"。这个观念可以说他是从柏拉图那里接过来的。柏拉图说："一个人根据辩证法企图只用推理而不要任何感觉以求达到每个事物本身，并且这样坚持下去，一直到他通过纯粹的思想而认识善本身。"② 辩证法这条"研究途径可以用来系统地在各种情况下确定每一事物的真实本质"③。"只有辩证法才是唯一的这样一种研究方法，它不需要假设而直接上升到第一原理本身。"④ 这就是说，辩证法是达致事物"本质"的方法。

---

① Aristotle: *Logica · Topica*, 100^{a}25-101^{a}18.
② 《柏拉图全集》第二卷《国家篇》，532B。
③ 同上书，533B。
④ 同上书，533C。

第三章　形式逻辑作为方法论：本质性知识和特性知识的逻辑原理

亚里士多德从方法论上把这辩证法发展成为"辩证推理"，把它同"论证"并列，以它们构成其方法论的两大部分。

他强调，获取本质性知识，"这项任务正确地说，或者最恰切地说，乃属于辩证法。因为，辩证法是批判的过程，而通过一切探究之原理的途径就在这里"①。总之，辩证推理的总路线是批判。

（3）辩证推理在于对作为命题的公认意见做逻辑辨析，将它引向基本真理。

亚里士多德说："为了哲学目的，我们必须按照真理性来处置这些东西［指命题——引者］，但为了辩证法，就只需要盯住普遍意见。一切命题皆应取其最普遍形式。"② 此话言简意赅。形而上学在辩护脉络展开，对象是作为真理的实存者之实存，方法论则在于以"论证"建构作为真理的知识。问题是，"论证"必须以"基本真理"为前提。所以，方法论无法回避"发现"的问题。《逻辑学》正是以《论题篇》研讨"辩证推理"。他在此把"哲学"和"辩证法"对举，暗示"发现"不是形式逻辑。可是，他又提出了"辩证推理"，这是说，作为方法论，"辩证推理"只是把捉"发现"的逻辑向度，而不是它的全部，更不是它本身。

辩证法批判作为前提的公认意见。亚里士多德首先把捉它的逻辑形式。他写道："那么，首先我们得来看看我们的探究包括哪些部分。倘若我们1.从有多少和什么种类把握了论辩为之进行的事物，并把握了论辩所由出发的材料，以及2.领悟了如何充分掌握这些情况，那么，我们也就应当已圆满达标。论辩所由出发的材料在数目上同推理为之进行的主项相等，并与之相同。因为，论辩从'命题'开始，而推理为之进行

---

① Aristotle: *Logica · Topica*, 101^{b}1-2.
② Op. cit., 105^{b}30-32.

的主项是'问题'。"① 这里告诉我们,"推理"面对"问题"探究的目标是找到作为主项的事物(作为"类"的"属")之本质性。为此,首先要把"问题"建构为"命题",以便让"论辩"去面对隐藏在公认意见之中的事物本质性。显然,"论辩"是辩证推理的核心环节,而所谓辩证推理是"批判",也就是"批判"具体化为"论辩"。辩证推理作为推理还包括三段论演绎和结论等环节,而它们和"论证"相似。

从问题到命题的建构,与形而上学一样也是运用"十范畴"和"四谓词",只是现在转到了方法论层面。这就是说,范畴命题现在是关于实存者实存模式的知识。亚里士多德表明了,问题和命题皆由"四谓词"构成以及两者的差别。他说:"切莫以为,我们是说,所列述的这些[指'四谓词'——引者]每一个都凭本身就构成一个命题和问题,而只是说,问题和命题两者都是由这些构成的。一个问题和一个命题之间的差别是措辞上的差别。因为,如果这么说:'"两足行走的动物"是人的定义,不是吗?'或者'"动物"是人的属,不是吗?'则其结果是个命题。可是,如果例如说'"两足行走的动物"是不是人的定义?'[或者'"动物"是不是人的属?'],则其结果是个问题。其他场合,情形亦复如此。于是,自然地,问题和命题在数目上相等。因为,从每个命题,你都将做成一个问题,如果你改变措辞的话。"② 命题面向"定义",从而把作为主项的问题引向事物的本质性。显然,这类命题应是以"四谓项"构成的"类—本质/定义序列"结构的范畴命题。总之,公认意见作为问题要成为导致发现本质性的论辩对象,必须先成为上述类型的命题。这命题形式为经由论辩而从公认意见通往本质性知识提供了重要保障。

亚里士多德表明,对公认意见做批判,也即进行论辩,可以包括四

---

① Aristotle: *Logica · Topica*, 101^{b}11-16.
② Op. cit., 101^{b}26-36.

第三章 形式逻辑作为方法论：本质性知识和特性知识的逻辑原理

种活动，它们也是四种能力。他写道："所以说，构建论辩，它们所关涉的事物之种类以及它们所由构成的事物之种类须按我们前面所述方式区分。有四种手段充实我们的推理能力：1. 获致命题；2. 区分一个表达式在多少种意义上得到运用的能力；3. 发现事物间的差异；4. 研究相似性。后三种在某种意义上也是命题。因为，我们能够为它们每一者都做成相应的一个命题。例如，1.'合宜可能意味着体面或舒适或者合算'；以及 2.'感觉之不同于知识，在于后者在先去以后能够再恢复，而前者不行'；以及 3.'健康的东西之与健康的关系类似于体力充沛者之与体力的关系'。第一种命题依从于一个词项之在若干意义上使用，第二种依从于事物间的差异，第三种则依从于事物的相似性。"[1] 这就是说，论辩首先在于把公认意见作为问题建构成命题，然后对它们按多义、相异和相同等判据做意义辨析，目标是洞察事物之本质性，也即把公认意见提升为基本真理。

这里需要强调指出，辩证推理之推理即演绎三段论和结论的环节诚如亚里士多德所表明的，乃与"论证"相似，但问题是，前者的前提是公认的意见，并非如论证那样是必然的基本真理，所以，其结论也不是必然地真的。也就是说，辩证推理所达致的只是"假说"。

归纳作为辩证论辩从个别呈示作为本质性的普遍

亚里士多德表明，辩证法在于论辩，而论辩包括两类。一类就是上述"辩证推理"，这里论辩在于对作为演绎之前提的公认意见做批判，也即做意义辨析。另一类为"归纳"。归纳从个别和特殊，也即现象方面呈示普遍即事物之本质性。他实际上把这两种论辩结合起来作为本质性发现的方法论。

---

[1] Aristotle: *Logica · Topica*, 105^{a}20-33.

（1）亚里士多德表明，归纳作为辩证论辩是本质性知识方法论的"半边天"。

他这样说到归纳之作为辩证论辩："我们区分出辩证论辩有多少种。一方面有'归纳'，另一方面有'推理'。推理为何物，前面已经说过。归纳则是从个别到普遍的一种过渡，例如这样的论证：若假定熟练的舵手最能干，熟练的驭手也是这样，那么，一般说来，熟练的人最擅长履行其特定任务。归纳更令人信服也更清晰：它较易于运用感官来学习，普遍适用于大众，尽管'推理'对付爱争辩的人更有说服力也更有效。"① 如果说，推理作为辩证论辩乃把目光盯住作为前提的公认意见，则归纳乃着眼于作为感觉经验的个别事实（特性），从这里探寻作为普遍的本质性。他指出，苏格拉底就已指出归纳的这种方法论功能。他就此写道："十分自然，苏格拉底应当是在寻求本质，因为他是在寻求进行三段论推理，而'一个事物是什么'乃是三段论的出发点。因为，尚没有什么辩证力量来让人得以甚至在毫无关于本质的知识的情况下也能思考相反的东西，探究同一门科学是否处置相反的东西。因为，有两样东西可以公正地归功于苏格拉底——归纳论辩和普遍定义，两者都关乎科学的出发点。"② 显然，亚里士多德从苏格拉底那里接过归纳，把它同辩证推理并列为两种辩证论辩，循以通往事物的本质性。

（2）亚里士多德表明，科学以归纳呈示事物的本质，但不论证它。

他详尽阐明了这条方法论原理："我们在探寻所存在的事物的本原和原因，而且显然它们乃作为存在。因为，健康和良好状况有其原因，数学的对象包括基本原理、元素和原因，以及一般地，每一门推理性的或者完全涉及推理的科学都或多或少精确地处置原因和本原，同时，所有这些科学都划出某个特定存在——某个属，并探究这个属，但不直

---

① Aristotle: *Logica · Topica*, 105^{a}10-19.
② Aristotle: *Metaphysica*, 1078^{b}24-30.

第三章　形式逻辑作为方法论：本质性知识和特性知识的逻辑原理

接探究存在，也不探究作为存在的存在，它们也不对它们所处理的事物的本质进行任何讨论。但是，它们从这本质——有的使之为感觉所明了，其他的把它取作为假说——出发，然后多少令人信服地论证它们所处置的属的基本属性。因此，显而易见，这样的归纳不会提供对于本体或者对于本质的论证，而是提供某种别的呈示它的方式。再说，这些科学同样还省略掉它们所处置的属是不是实存的问题，因为它等同于这类思考：表明属是什么以及属所是的东西。"① 他还以较为简洁的言语重申了这个思想。他说："每一门科学都为每一个对象探寻确实本原和原因——例如医学和体操以及每一门其他科学（无论生产性的还是数理的）。因为，这些科学每一门都为自己划出某一类事物，独自忙于这个事物类，当作实存的和实在的某种东西——但不是实在本身。做这件事的科学是另一门科学，它不同于这些科学。所提到的科学每一门都设法谋取某个事物类的'什么'，力图相当精确地证明其他真理。有些科学通过知觉谋取'什么'，其他科学用假说谋取。因此，由这种归纳可以明白，不存在对本体即'什么'的论证。"②

亚里士多德在这两段引文中表达了关于归纳作为辩证论辩的重要思想。这就是，归纳不对本质性做论证，而只是呈示之。归纳乃从个别和特殊走向普遍，不妨说，它以个别为前提，普遍为结论。就作为辩证论辩而言，也即从本质性知识方法论来说，归纳乃从个别的事实或特性——也即现象方面——向感官和知觉呈示作为结论的普遍。无疑，后者与他在引文中所说的由辩证推理从公认意见提升而来的"假说"是同一个东西。现在可以明白，演绎和归纳如何成为辩证法的两翼。演绎从"前提端"把公认意见从问题提升为命题，通过辩证论辩即意义辨析再引出作为"假说"的基本真理。这所以只是"假说"，乃缘于它同"基

---

① Aristotle: *Metaphysica*, $1025^{b}1\text{-}17$.
② Op. cit., $1063^{b}36\text{-}1064^{a}9$.

本真理"有着两方面的差距。一方面，从它引出的结论不是必然的，因为那前提不是必然的。正是这里，归纳可以提供融合。它把这些结论作为前提去推出普遍结论，以之印证那"假说"，给予其经验支持。另一方面，这差距在于它本身也不是必然的，而这必然性只有通过思维对公认意见做真正的"发现"才能达致。这里必须强调指出，虽说"两翼"，但作为演绎的辩证推理是占主导地位的论辩，归纳论辩则是从属的。因为，是辩证推理从公认意见作为前提所引出的结论，而不是别的个别东西，才成为归纳作为辩证论辩所由出发的前提。正是由于这个原因，亚里士多德每每把辩证法等同于辩证推理。

此外，这两段引文还表明，亚里士多德可说在西方哲学史上率先提出为哲学和科学划界。他表明，科学只划出存在的特定的一个部分即某个属加以研究，从事物的本质出发，去把捉本质和事物因存在本性而拥有的属性即特性间的必然因果联系。科学不研究存在本身、本质本身和属的实存性等问题，那些是哲学研究的对象。显然，亚里士多德是从形而上学层面做出这种划界的。值得指出，现代西方科学哲学很大程度上是挟着"划界问题"登场的，而这是从方法论层面展开这个问题。

（3）亚里士多德表明，归纳乃从知觉到的个别事例出发依其相似性走向普遍命题，为之提供经验支持。

他表明，我们是通过对所感知的相似个别事例进行归纳，从而达致作为结论的普遍的。他说："考查相似性所以对归纳论辩有效，是因为正是借助在相似事例中对个别进行归纳，我们才得以声索呈示普遍于明面。因为，如果我们不知道相似点，则就很难做到这一点。"[①] 这可以说是归纳作为辩证论辩也即本质性知识方法的基本原理。值得再次强调指出，亚里士多德乃把归纳同辩证推理并列为本质性知识方法论的"两

---

① Aristotle: *Logica · Topica*, $108^b7\text{--}12$.

第三章 形式逻辑作为方法论：本质性知识和特性知识的逻辑原理

翼"。不若后世，从弗·培根到现当代逻辑学家都把归纳仅奉为整理经验资料，也即从个别事实确立经验定律的方法。不过，也有例外，如牛顿在这方面就和亚里士多德抱持同样观念。

亚里士多德强调，重要的是，必须把基于相似性原理的归纳同一般的依据相似性做的论辩区别开来。他就此写道：这种论辩"力图借力相似性来博取承认。这种承认貌似有理，所涉及的普遍尚欠明显。例如，让别人承认，正如对相反者的知晓和无知是相同的，对相反性的知觉也是相同的。反之亦然：既然知觉是相同的，所以知识也是相同的。这论辩类似于归纳，但不是一回事。因为，在归纳中，据由诸特殊事例而谋得承认的是普遍，而在据由相似性进行的论辩中所谋得的不是并非所有相似事例皆落在其下的普遍"①。这就是说，在归纳中，所由出发的是属于同一个类的各个个别事例，而得出的结论是为这些个别所共同的普遍。

亚里士多德还指出，对于归纳得出的普遍，切莫轻言拒斥，除非有反例在握。他说："倘若有人依据若干事例做了归纳，而回复者尚拒绝承认普遍命题，那么，可取的做法是要求他做出反诘。"② "想要反对普遍，就应提出某个反面事例。因为，既要想终止论辩，又不拿出真正的或者明面上的否定事例，就说明失诸急躁。这样，如果一个人拒绝认可得到许多事例支持的普遍，却又没有示出什么否定事例，那么，他显然表现急躁。并且，如果他甚至不去试一下做反证，证明它不是真的，那么，很可能他就被认为是性子急躁——尽管甚至反证也是不够的，因为我们常常听到违反公论的难解之论辩，例如芝诺（Zeno）的论辩：运动或者越过运动场是不可能的——但这也还不是略而不谈这些观点之相反者的理由。这样，如果一个人拒绝认可命题但又没有否定事例或者某种

---

① Aristotle: *Logica · Topica*, 156ᵇ10-18.
② Op. cit., 157ᵃ33-35.

反驳它的反论辩，那么，他显然太性急了。因为，论辩中急躁乃失诸以不同于以上所述的方式做回应，以致妨碍推理。"[1] 总之，要拒弃归纳所支持的普遍命题，必须耐心等待反证事例出现，否则免谈。

得到经验支持的假说所内涵的本质性由理性直观把捉

亚里士多德的辩证法作为本质性知识方法论，以辩证推理和归纳两种辩证论辩构成。前者作为演绎三段论着重以作为前提的公认意见为论辩对象，后者以作为这三段论的结论的事实和特性为论辩对象。两种论辩在走向发现本质性的道路上共同促成达致得到经验支持的假说。问题是，假说仍是公认意见，只是"无限接近"本质性。然而，在辩护脉络里，就"发现"而言，方法论已走到极限。再往前跨一步，就进入了"发现"的脉络之中。为此，亚里士多德提出，"理性直观"（rational intuition）是发现本质性的方法。

（1）亚里士多德表明，因公认意见而生起的理性欲望驱使理性直观以本质性为原初对象加以把捉。

辩证法的产物是得到经验支持的假说，这假说仍是公认的意见。面对意见，理性即思想产生欲望，想从意见把捉本质性，也即事物的本质——本体。他描绘了这图景："既然运动并被致动的东西是居间者，所以有着未被致动而运动的东西，它是永恒的，是本体和现实性。欲望的对象和思想的对象就如此运动；它们未被致动而运动。欲望的和思想的原初对象乃是相同的。因为，视在的善是所欲的对象，而实在的善是理性愿望的原初对象。不过，欲望是因意见而起的，不是意见因欲望而起；因为，思维是出发点。思想为思想对象所致动，两列对立面中有一列本身就是思想的对象；在这一列中，本体是第一位的，而那简单的

---

[1] Aristotle: *Logica · Topica*, 160^{b}2-13.

第三章　形式逻辑作为方法论：本质性知识和特性知识的逻辑原理

现实实存的东西就在本体中。"①思想面对意见而生发欲望，其对象即为事物之本体也即本质。思想在于以"直观思维"去把捉"可理知的东西"。②总之，如前面已表明过的，他指出，思想作为"理性直观"乃去把捉（"科学知识"的）"直接前提"。

（2）亚里士多德表明，理性直观通过"知觉—记忆—经验"之链而从特殊把捉普遍。

他对此做了详尽阐释，这里录引如下："我们已经说过：若人还未知道原初直接前提，则经由论证的科学知识便是不可能的。不过，就这些直接前提的领悟而言，可能会提出些问题。人们不仅可能问：这是否和结论的领悟属同一类，而且也可能问：有没有关于这两者的科学知识；或者问：是否有关于后者的科学知识，而关于前者有另一种知识。进一步还会问：这些发达的知识状态不是天赋的而是碰巧为我们所有，抑或是天赋的但起先未注意到。若我们天生就拥有它们，那就奇怪了。因为，这意味着，我们拥有的领悟比论证更准确，但没有注意到它们。另一方面，如果是习得它们的却又没有先就拥有它们，则我们怎么在没有预备知识做基础的情况下也能够进行领悟和学习呢？因为，那是不可能的，如同我们惯常在论证的情形里所看到的那样。由此可以明白，既不可能我们天生就拥有它们，也不可能它们碰巧为我们所有，如果我们对它们的无知程度竟至于根本没有这样发达的状态的话。因此，我们必定具备某种能力，但其准确性不会高过这些发达状态。这至少是一切动物的一个显著特征，因为，它们具有一种先天分辨能力，称为感官知觉。可是，尽管感官知觉是一切动物所天赋的，但有的动物那里，感觉印象也开始持存，而有的并不这样。所以，尚未有这种持存能力的动物要么在知觉行为以外毫无所知，要么对没有印象持存的对象毫无所知。

---

① Aristotle: *Metaphysica*, 1072^{a}23-32.
② 参见 Op. cit., 1036^{a}1-12。

没有产生这种持存的动物有知觉，但不可能持续在心灵中保留感觉印象。当这种持存频频重复时，同时就引发了进一步分化，那里动物从这种感觉印象的持存发展出一种把它们加以系统化的能力，而另一些则不这样。若此，从感官知觉生成了我们所称的记忆，从对同一事物的频频重复的记忆又发展出了经验。因为，众多记忆构成一个单一经验。从经验——现在整个地稳定在心灵之中的普遍，也即那同在它们之内全都作为一个单一体的多并列的——复又萌发工匠的技能和科学家的知识，也即在生成范围里是技能，在存在范围里是科学。我们得出结论：这些知识状态并非确定形态的天赋，也不是从其他高级知识状态发展出来，而是从感官知觉发展而来。这犹如战斗中一次溃败，因第一人进行抵御，继而第二人，从而被遏制住，直至原始编队重又恢复。心灵就若此构成，因而能够实行这种过程。现在让我们重述业已做过的但不够清晰的解说。当众多逻辑上难以辨异的特殊有一个已做出一次抵御时，最早的普遍就呈现在心灵中。因为，尽管感官知觉的行为是关于特殊的，但它的内涵是普遍——是人，而不是比如卡利亚斯这个人。这些初步的普遍又新做出一次抵御，这个过程不断进行下去，直到确立起不可分的概念，也即真正的普遍，例如，动物的某某种是迈向动物这个属的一步，而通过同样的过程，这又是迈向一个进一步概括的一步。"①

亚里士多德关于"理性直观"作为把捉事物本质的发现能力的思想很可以同作为发现哲学的现象学的相关学说做个比较，有助于对他的这个思想形成清晰又准确的认识。现象学表明，主体作为"纯粹意识"以"意向体验"作用于"事物本身"，也即把事物的"实质本质"化为"观念普遍"。同时，这种意向作用乃以对于事物的经验（"经验簇"）为基础。显然，"意向体验"是对"实质本质"的"思维的观看"。以此观

---

① Aristotle: *Logica · Analytica Posteriora*, 99^{b}20-100^{b}3.

第三章　形式逻辑作为方法论：本质性知识和特性知识的逻辑原理

之，亚里士多德早早就表明，对"本质"的"发现"真正说来是"理性直观"的思维作用，即为直接"观看"经验所内涵的"普遍"。这种"思维直观"是以"经验"为基础的。不仅如此，在他那里，层层经验垒成了事物整体，而其蕴涵的"普遍"正是所谓的"事物本身"。同时，"思维直观"所面对的得到经验支持的假说也就是这"事物本身"，而直观的成果便是"实质本质"。

"理性直观"所把捉到的"普遍"已从非必然的"公认意见"上升为必然的本质性知识即"基本真理"。这基本真理作为产生科学知识的"论证"之前提，乃是对实质本质做了形式处理而成的。这在于"基本真理"出之以"定义"。

基本真理以"定义"为表式

上一章里从形而上学层面表明，实存者的"本体—性质"实存模式呈范畴命题形态。其中"类—本质/定义序列"结构范畴命题呈现了作为类本体的本质。如果说形而上学从"个体—类"格局和"本体—现象"结构的背景来展示实存者的"本体—性质"实存模式，从而把关注重点投向作为实存个体之原因和本原的"第一本体"，那么，转到方法论层面，则重点关注作为知识目标的"第二本体"，即刚才所提到的那种结构范畴命题。不过，现在转到知识本身：作为关于本质性的知识的"基本真理"，而其形态正是"定义"。"定义"一方面是基本真理即本质性知识，另一方面又是知识的另一部分即"特性"知识的根源，从它出发进行论证而获致这部分知识——"科学知识"。这里对"定义"的研讨正是限于前一方面。"定义"的后一方面则放在下面研讨。

（1）亚里士多德表明，基本真理作为关于本质性的知识乃以定义为表式。

定义作为知识的形态，确切说来作为本质性知识的形态，关键在于定义所把捉和揭示的是事物的本质性。亚里士多德强调了这一点："我们会有一个语词和一个表式意义相同的情形，但我们不会在这种场合有定义（因为在那样的情形里，一切表式或词组都会是定义；因为不管什么词组，都会有个名字，以致甚至《伊利亚特》也会是定义），而是在有关于某原初事物的一个表式的场合才有定义。原初事物乃指那些事物，它们并不蕴涵着在它们中一个元素谓述另一个元素。"① 这原初东西就是本质性。这就是说，表式的意义若是本质性，则它便是定义。既然如此，基本真理作为"原初原理"就必须由定义来规定，也即以定义为表式。总之，定义作为基本真理的表式，其逻辑根本在于建基于"本质"范畴，也即定义所由构成的"属"和"种差"乃以本质范畴谓述事物，同时本质从形而上学层面决定了定义作为本质性知识的表式必须由属和种差构成。所以，他说："只有属和种差以本质范畴进行谓述。然而，没有这些前提，就不可能运思定义；因为，若有别的什么东西也以本质范畴谓述这事物，则就说不清究竟是所陈明的表式，还是某个别的表式是它的定义，因为定义是表明事物之本质的表达式。"②

定义作为本质性知识的表式，是不可论证的。亚里士多德强调了这一点："论证的基本前提是定义，而我们已经表明过，这些定义会让人发觉是不可论证的。要么基本真理将可论证，将取决于在先的前提，但这种倒退是无穷的；要么原初真理将是不可论证的定义。"③ 当然，定义却是论证的前提。这是方法论上两大类知识之间的逻辑关系的基本点所在。

（2）亚里士多德表明了定义作为本质性知识之表式的各个基本规定性。

---

① Aristotle: *Metaphysica*, 1030ª7-11.
② Aristotle: *Logica · Topica*, 154ª28-32.
③ Aristotle: *Logica · Analytica Posteriora*, 90ᵇ23-27.

第三章　形式逻辑作为方法论：本质性知识和特性知识的逻辑原理

这些规定性在上一章里已有提及，这里再从方法论层面对它们一一加以详细研讨。不过，"属"和"种"的适当性以及它们所构成的定义之统一性那里已做过充分说明，就不再重复。

（i）普遍性。亚里士多德强调，知识是普遍的，以类的本质即形式为目标，因此，定义作为本质性的表式，可以说以普遍为首要规定性。他说："定义是关于普遍和形式的。"①"定义被认为关怀本质性，在任何情形里都是普遍的和肯定的。"②"在确立定义时务必让人明白，定义中所包含的每个事物都是可归属的。并且，在确立一个事例时，所提出的推论必须是普遍的，因为所做出的定义必定谓述这个项所谓述的每个事物。"③例如，"'人'的定义应当对每一个人都是真的"④。

（ii）独特性。一个类的定义必定区别于其他类的定义，必定是所定义的类所特有的。否则，定义为多数类所共有，就不成其为定义了，因为，类因其独特本质而成其为类。亚里士多德指出，本质是独特的，这决定了定义也是独特的。他写道："既然任何事物所独有的东西部分地标示它的本质，部分地不这样，那么，让我们把这'独特的'部分划分成上述两部分，称表示本质的那部分为定义，而剩余的部分沿用通行命名法称之为'特性'。"⑤"一个事物的定义和特性就属于它，不属于任何别的事物。"⑥因此，"一个定义应当是独特的"⑦。"一个定义应当就其自己而言是独特的，而不是一般的。"⑧

（iii）唯一性。亚里士多德指出，定义具有唯一性。"以为同一事物

---

① Aristotle: *Metaphysica*, 1036^{a}28-29.
② Aristotle: *Logica · Analytica Posteriora*, 90^{b}3-4.
③ Aristotle: *Logica · Topica*, 154^{a}36-154^{b}1.
④ Op. cit., 139^{a}26-27.
⑤ Op. cit., 101^{b}19-23.
⑥ Op. cit., 109^{b}10-11.
⑦ Op. cit., 139^{a}33.
⑧ Op. cit., 149^{b}24.

会有一个以上的定义，这是不可能的。"① 这是定义作为本质的表式所决定了的。他阐释道："如果说一个定义是个标示事物本质的表达式，其中包含的谓项也应当是以本质范畴谓述该事物的仅有的表达式，同时，属和种差乃以该范畴如此进行谓述，那么，显而易见，若承认如此这般是以该范畴进行谓述的仅有的属性，则包含如此这般的表达式必定将是一个定义。因为，不可能的是，会有别的什么东西成为一个定义，这是有鉴于没有什么别的东西以本质范畴谓述这事物。"②

另一方面，定义之唯一性还表现在两个不同事物不可能有着同一个定义。他说："不可能有一个定义是对两个事物的，也不可能同一事物有两个定义。"③ 这里的原由显而易见：两个事物所以为两个，乃因本质不同。

（iv）真理性。说"基本真理以'定义'为表式"，就已点明了定义之以真理性为基本规定。亚里士多德表明，存在的意义在于作为实存者的原因和本原。本质性作为原因和本原，其真理性就建基于事物之实存。所以说，定义的真理性维系于事物的实存。他指出，不实存的东西没有本质，只有词项的含义。他就此写道："我们如何用定义表现本质性？他知道人的——或任何其他东西的——本性如何，他必定也知道人实存。因为，没有人知道不实存的东西的本性——人们能知道词组或名字'山羊—牡鹿'的含义，但不知道一头山羊—牡鹿的本质性怎样。"④ 他表明，只有在知道了事物的实存性之后，才可能进而认识其本质性。他写道："当我们意识到一个事实时，我们寻求它的原因。尽管有时事实和原因同时让我们明了，然而，我们对原因的领悟还是不可能比对事

---

① Aristotle: *Logica · Topica*, 142^{b}35.
② Op. cit., 153^{a}15–23.
③ Op. cit., 154^{a}10–12.
④ Aristotle: *Logica · Analytica Posteriora*, 92^{b}4–6.

第三章　形式逻辑作为方法论：本质性知识和特性知识的逻辑原理

实早上一刻。显然，我们同样不可能领悟一个事物的可定义形式而又不领悟它实存，因为，在我们尚不知道它实存与否时，我们不可能认识它的本质性。"① 所以说，"在我们还不知晓一个事物实存的情况下就去寻找它的本质性，无异于寻找乌有之物"②。总之，"定义是一种展示一事物之实存的原因的表式"③。

（v）定义作为基本真理的表式不可包含新发明的语词。亚里士多德详尽阐明了这一点："表式必定由语词构成。他下定义，他切不可发明一个语词（因为它将会是未知的），而既有的语词对一个类的所有成员是共同的。因此，这些语词必须施用于被定义事物以外的某物。例如，如果一个人正在定义你，那么，他会说'一个瘦的（或弱的）动物'，或者某个别的东西，它也将适用于你以外的某个人。如果有人说，也许所有属性拆开来可能属于许多主项，但合拢来只属于这一个，那么，我们必须首先回答说：它们也属于这两个元素。例如，'两足动物'属于动物和两足者。(在永久性实体的情形里，这甚至是必然的，因为元素先于复合体并且是它的组成部分。而且，它们也能各别实存，如果'人'能单独实存的话。因为，两者任一者都能单独实存，或都不能，或者两者都能。这样，如果两者任一者都不能单独实存，那么，属不会离开各个不同的种实存。但是，如果它单独实存，那么，种差也将单独实存。) 其次，我们必须回答说：'动物'和'两足者'在存在上先于'两足动物'；先于其他事物者在其他事物被消灭时并不被消灭。"④ 总之，"存在"的意义首先在于"本体"，也是实存的原因，这样，如刚才所表明的，"定义"作为本质性的表式也就成了"基本真理"，而真理性显然可以说

---

① Aristotle: *Logica · Analytica Posteriora*, 93^{a}16-21.
② Op. cit., 93^{a}26-27.
③ Op. cit., 93^{b}39.
④ Aristotle: *Metaphysica*, 1040^{a}10-23.

成是"定义"的首义即首要基本规定。

（3）亚里士多德表明，除了作为本质性的表式外，定义尚另有名词定义和因果定义两类。

首先要指出，在亚里士多德那里，作为基本真理表式的定义是本来意义上的或者说狭义的定义，而那两类则属于广义的、派生意义上的定义。

关于名词定义，他写道："既然定义被说成是一个事物之本性的陈述，那么，显然有一种定义将是对名字的含义或等当的名词性表式的含义的一种陈述。这种意义上的一个定义告诉你例如'三角形特征'这个词组的含义。当我们知晓三角形实存时，我们就探究它为什么实存的原因。但是，对于我们并不真正知道其实存的事物，就很难弄清它们的定义——这个困难如我们前面所说在于我们只是偶而知道这事物实存与否。并且，一个陈述可能以两种方式而成统一体：通过合取，如《伊利亚特》，或者由于它展现一个单一谓项，它为一个单一主项所固有而非偶然拥有。"① 他也称之为"词项定义"②。其实，前面有段引文论及了这种定义，他写道，这种定义也有表式："如果一个事物有个名字，则也将会有它的含义的表式——这属性属于这主项，或者，不用一个简单表式，我们还能够给出一个较精确的表式，但不会有定义或本质。"③ 没有定义，正是指没有本来意义上的或狭义的定义。

关于因果定义，他写道："另一类定义是展现一个事物的实存之原因的一个表式。可见，前者[指名词定义——引者]做了标示而未加证明，但后者显然是对本质性的准论证，但在词项安排上不同于论证。因为，说明为什么打雷和说明雷鸣的本质性何在之间是有差异的。这是由

---

① Aristotle: *Logica · Analytica Posteriora*, 93ᵇ28-38.
② Op. cit., 94ᵃ16.
③ Aristotle: *Metaphysica*, 1030ᵃ14-17.

于前一个陈述将为'因为火在云层中被猝灭',而雷鸣本性何在的陈述将为'火在云层中被猝灭时的声响'。可见,同一个陈述采取了不同的形式:以一种形式,它是连续的论证,以另一种形式,是定义。再者,雷鸣可以定义为云层中的声响,而这是体现本质性的论证之结论。另一方面,直接项的定义是对本质性的不可论证的设定。"[①] 这里的"论证"当然不是指对原因本身的论证,而是指从原因(火猝灭)到结果(声响)的推论。"连续"指论证是从前提到结论的过程,而定义相比之下是个"点"。

显然,"因果定义"只是本质定义的变形,而"名词定义"则事关"特性知识",这已进入下一节研讨的领域。

三 特性知识的方法论:论证

亚里士多德的形而上学揭示,实存个体的本质—现象结构呈"论证"的形态。同时,这形而上学表明,知识乃关于普遍,也即指向作为"第二本体"的类之本质。当然,既然个体以本体相同而结成了类,所以,关于类的知识便亦及于个体。现在,重要的是,方法论转向知识本身,因此,"论证"便从实存个体转向类的层面。这论证从以定义为表式的"基本真理"出发,也即从类出发(因为定义唯以类为主项),把结论推演出来。这结论作为范畴命题,以类为主项,以可理知的性质即性质之"本质"为谓项。无疑,特性知识正是采取这种范畴命题的形态。现代科学方法论表明,学科理论由基本原理、数学演绎以及经验定律三部分构成。这正是对亚里士多德方法论的一脉相承。

---

① Aristotle: *Logica · Analytica Posteriora*, 93^{b}39–94^{a}10.

特性知识的论证原理

知识在于寻找实存个体之作为其现象的原因的本体。关于现象的知识之成其为知识，也即其合法性在于它得到据由原因知识进行的论证——成为从前者推出的必然结论。可以说，形式逻辑的主体——演绎三段论正是服务于这个方法论主旨：从前提把特性知识作为普遍必然的结论引出来，由此为之做论证，使之确立为科学知识。

（1）亚里士多德表明，论证乃对类进行而去产生科学知识。

前面已表明，亚里士多德指出，不可能对个体下定义。他还表明，同样，论证也只能对类进行，这是特性知识之所以具有普遍性的方法论保证。他对此做了详确说明："全部实存事物中，有的是这样的：它们不可能去真实又普遍地谓述任何别的事物，例如克莱昂和卡利亚斯，也即个体的和可感的事物，但其他事物能够谓述它们（因为这些各都兼而是人和动物）；又有的事物本身谓述其他事物，但没有任何在先的东西谓述它们；还有些谓述其他事物，而其他事物也谓述它们，例如人谓述卡利亚斯，运动又谓述人。由此可见，有些事物天然地不陈述任何事物，因为每个可感事物照例都是如此：不可能谓述任何事物，除非事出偶然。例如，我们有时说：那白家伙是苏格拉底，或者那趋近者是卡利亚斯。我们会在别处解释：谓述过程也是有个上限的。眼下我们得先设定这一点。以这些终极谓项，不可能去论证另一个谓项，除非作为意见而已，但这些谓项可以去谓述其他事物。个体也不可能去谓述其他事物，尽管其他事物却能谓述它们。凡是处于这两个界限之间的事物，都可以兼用这两种方式谈论它们：它们可以陈述其他事物，其他事物可以陈述它们。所以说，论证和探究照例关涉这些事物。"[①] 论证只对类进行，因为只有类既能谓述他者，也能为他者所谓述。论证从实存个

---

① Aristotle: *Logica · Analytica Priora*, 43^{a}25-44.

第三章　形式逻辑作为方法论：本质性知识和特性知识的逻辑原理

体转移到类的层面，才能以三段论从定义出发去引出作为普遍必然结论的特性知识。

同时，他表明，论证着眼于作为特性的现象，旨在把有关命题作为结论推出。他就此写道："在所有场合，在哲学以及任何技艺或学问中，方法都一样。我们必须寻找属性和我们词项的主项，我们必须尽可能多地占有它们，用三个项考查它们。"① "但在每门科学中，特有的原理极其繁多。因此，经验的事务在于给出属于每个主项的原理。"② 这样，科学获取特性知识的一环在于把捉每门科学范围内的作为观察事实的属性，然后施以从定义出发的论证。

现在可以明白，论证对类进行，从定义出发，以所把握到的属性作为被证明的对象，用三段论将之作为结论推出，使之确立为特性知识即科学知识。亚里士多德阐明了这条方法论原理："我现在断定，我们无论如何总是以论证去认识。说论证，我是指一种产生科学知识的三段论，而对这种三段论的把握，本身就是这样的知识。若再假定我关于科学认识本性的论点是正确的，那么，被论证的知识的诸前提就必须是真实的、原初的、直接的、比对结论得到更好认识的并先于它的，而这结论还要进一步同它们关联，即作为原因之结果。除非这些条件得到满足，否则基本真理将对结论而言不是'适当的'。实际上可能有三段论不具备这些条件，但这样的三段论不是论证，因而不会产生科学知识。"③ 这样的"论证三段论"正构成形式逻辑作为方法论的主要部分。同时，这也昭示了形式逻辑的主要部分三段论的哲学意义也即方法论本性之所在。这一点下面还要专门详细研究。

（2）亚里士多德表明，论证总是对作为主项的特定的"属"即类

---

① Aristotle: *Logica · Analytica Priora*, 46^{a}3-6.
② Op. cit., 46^{a}17-18.
③ Aristotle: *Logica · Analytica Posteriora*, 71^{b}17-24.

进行。

论证对类进行，并且重要的是，对特定的作为主项的类即他所称的"主项属"进行。他指出：论证的基本要素有三个：主项、属性和基本真理。他写道："论证有三个要素：1.被证明的东西即结论———一个属必要地固有的一个属性；2.公理，也即作为论证之前提的公理；3.主项属，论证揭示其属性即基本特性。"[①] 基本真理和属性分别是论证的前提和结论，下面要分别做专门研讨。因此，这里一般地讨论论证原理时，重要的是"主项属"这个要素。他强调，"我们论证时不能从一个属转到另一个属。例如，我们不能用算术真理来证明几何真理"[②]。"在两个不同的属，如算术和几何的情形里，你不可能把算术论证运用到量的特性上面，除非所考查的量是数。"[③] "任何一门科学的定理都不可能用另一门科学来论证，除非这些定理从属地关联于上位科学（例如光学定理之于几何学，或者调和定理之于算术）。"[④] 论证总是联属于特定的类（属）的，只能对特定的主项类进行。显然，这意味着，论证的前提和结论总是联属于特定的作为类的主项。论证的另一部分推理作为普遍必然形式则是一切论证所共同的。正是缘于此，他没有把推理列为论证之要素，尽管它也是论证之必要又重要的组成部分。

（3）亚里士多德表明了论证和定义的关系。

论证是特性知识的原理。本质性知识的方法论包括辩证推理、理性直观和定义，但从作为辩护脉络的方法论而言，定义才是本质性知识的原理。亚里士多德正是从此出发来表明论证和定义之间的关系。当然，"定义"在此又专指狭义的，也即作为"基本真理"表式的定义。他对

---

① Aristotle: *Logica · Analytica Posteriora*, 75^{a}39-75^{b}3.
② Op. cit., 75^{a}38-39.
③ Op. cit., 75^{b}3-6.
④ Op. cit., 75^{b}14-17.

第三章　形式逻辑作为方法论：本质性知识和特性知识的逻辑原理

这关系做了详尽阐释："论证的基本前提是定义，并且业已表明，这些前提将被发现是不可论证的。要么是，基本前提将是可论证的，且将取决于在先的前提，而这倒退将永无止境；要么是，基本真理将是不可论证的定义。不过，如果可定义者和可论证者并不完全相同，那么，它们还能部分地相同吗？或者，因为不可能对可定义者做论证，所以，那是不是不可能呢？一点也不可能，因为定义是对于某事物的本质性或者存在的，并且，一切论证显然都设定并采取本质性——例如数学论证之于一的本性和奇数，所有其他科学也都这样。而且，每个论证都证明，一个主项的一个谓项附属于还是不附属于它，而在定义中，一个事物并不谓述另一个；例如，我们并不用动物谓述两足，也不用两足谓述动物，我们也不用图形谓述平面——平面不是图形，也不是图形平面。再者，证明本质性乃不同于证明一种联系这个事实。如此，定义揭示本质性，论证则揭示，一个给定属性附属于还是不附属于一个给定主项。不过，不同事物需要不同论证——除非一个论证如同部分之于整体般关联于另一个论证。我所以补充这一点，是因为若一切三角形都已被证明具有等于两直角的三个角，那么，这属性便被证明附属于等腰三角形，因为等腰三角形是全部三角形所构成的整体之一个部分。但是，在我们面对的情形里，事实和本质性并非如此相互关联，因为一者并不是另一者的一个部分。由此显见，不是所有可定义者都是可论证的，也不是所有可论证者都是可定义的。我们可以引出一般的结论：不存在同一对象，而我们可以对它兼而拥有一个定义和一个论证。结果显然是：定义和论证既不相同，也不一者包含在另一者之中；如果不是这样，那么，它们的对象所结成的关系，就要么是同一，要么是作为整体和部分。"[1] 总之，两者的关系在于，定义及于事物的本质性，论证及于其特性，定义

---

[1] Aristotle: *Logica · Analytica Posteriora*, $90^{b}23-91^{a}13$.

给论证充当前提，推演出作为特性知识的结论；本质性和特性结成因果关系，相应的知识结成演绎关系。

这方面，亚里士多德还强调，前提比诸结论先为我们已知，而且我们对前提的认识好过结论。他写道："既然我们对一个事实的知识——我们对它的信念——所需要的根据是占有我们称为论证的这样一个三段论，并且，这三段论的根据是构成其前提的那些事实，所以，我们必须不仅事先就知道这些原初前提——不说它们全部，也是其中某一些，而且还得对它们的认识好过对结论。因为，一个属性为一个主项所固有的原因，它本身总是比这属性更牢固地为这主项所固有。例如，我们爱什么东西，其原因比我们所爱的对象更亲近我们。"①

前提：以定义为表式的"基本真理"作为公理

论证作为形式逻辑的主要原理生发于形而上学。如上所述，它乃是对实存个体之本质—现象结构所内蕴的必然因果联系的形态表现。方法论把论证转移到了类的即普遍的层面。论证包含前提、推理和结论三个部分和环节。亚里士多德对它们分别提出了相应的方法论原理。现在先研讨"前提"。

（1）亚里士多德表明，以定义为表式的"基本真理"作为论证的前提乃采取"公理"这逻辑形态。

他指出，"一切论证的科学皆运用公理"②。"公理是一切事物的本原。"③ "这样的真理是有的，我们绝妙地命名它们为公理。"④ 公理有哪些规定性呢？他表明有六种。

---

① Aristotle: *Logica · Analytica Posteriora*, 72^{a}25–30.
② Aristotle: *Metaphysica*, 997^{a}10–11.
③ Op. cit., 997^{a}14.
④ Aristotle: *Logica · Analytica Posteriora*, 72^{a}17–18.

第三章　形式逻辑作为方法论：本质性知识和特性知识的逻辑原理

（i）公理是原初的也即直接的。如上所述，论证对特定的主项属进行。一个主项属构成知识的一个对象领域，这决定了知识的学科性。一门学科的知识是个整体也即一个理论。公理处于这个知识体的初始端，因而具有原初性。亚里士多德就此写道："我在说被论证的知识的前提必须是原初的时，我的意思是，它们必须是恰当的'基本真理'，因为我把原初前提和直接命题等同起来。一个论证中的一条'基本真理'是一个直接命题。一个直接命题在它前面再无任何其他命题。"① "知识是据由在先前提而来的，若它是从非由原因引起的原因本身导出的话。"② 总之，公理是出发点，也因之而成其为公理，这也决定了学科作为知识体是个公理化形式系统。

（ii）公理是不可证的。公理作为基本真理是不可论证的。公理的本义在于不证自明。公理是辩证推理和理性直观的产物，定义只是赋予它作为现成东西的表式。亚里士多德在上面研讨过的关于定义和论证的关系的论述中已经表明了前提之不可论证。总之，"每个固有属性所特有的基本真理都是不可论证的"③。"前提必须是原初的和不可论证的。"④

（iii）公理是真理。这也是公理之本义，因为它乃作为"基本真理"。亚里士多德说："前提必须是真实的：因为不实存的东西不可能被认识——比如，我们不可能认识到：一个正方形的对角线同它的边有公度。"⑤ 他还表明，与真理性密切相关，公理作为前提首先必须是一种断定。他写道："论证的前提不同于辩证的前提，因为论证的前提是对两个矛盾陈述之一的断定（论证者不寻找前提，而是规定它），而辩证的

---

① Aristotle: *Logica · Analytica Posteriora*, 72^{a}6–9.
② Op. cit., 76^{a}20–21.
③ Op. cit., 76^{a}16.
④ Op. cit., 71^{b}27.
⑤ Op. cit., 71^{b}24–26.

前提依从于对手对两个矛盾陈述的抉择。"① "三段论将是论证的，如果它是真实的并且通过它的科学的首要原理获致。"② 公理作为陈述是真实的断定。

（iv）公理是必然的。亚里士多德从论证的前提和结论两端来指出前提的必然性。就前者而言，他说："论证的知识必须建基于必然的基本真理。因为，科学知识的对象不可能异于它所是者。"③ 本质性的必然性决定了基本真理的必然性。就后者即结论而言，他写道："既然纯粹科学知识的对象不可能异于它所是者，所以，论证知识所获致的真理将是必然的。又既然论证的知识仅当我们拥有一个论证时才存在，所以，论证是一种从必然前提出发的推理。"④ 因为，推理也是必然的。这样，既然结论和推理都是必然的，公理就当然必定是必然的。

（v）公理是普遍的。论证是对类的层面并对主项类进行的，这决定了公理是普遍的，也即对特定的类的领域是普遍成立的。亚里士多德指出："基本真理所属的科学将拥有普遍的统治权。"⑤ "公理是最普遍的。"⑥

（vi）公理数目少。公理是未经论证的东西，故应尽可能少。欧几里得几何只有五条公理，而其所包含的定理将近五百条。后世牛顿和爱因斯坦都注意到并强调公理作为前提数目应尽可能少。亚里士多德说："推理总是包含数目很少的前提。"⑦

（2）亚里士多德表明，公理作为前提包括两个层面：一个是一切科学共同的公理，另一个是特定科学特有的公理。

---

① Aristotle: *Logica · Analytica Priora*, 24^{a}22-26.
② Op. cit., 24^{a}29-31.
③ Aristotle: *Logica · Analytica Posteriora*, 74^{b}5-6.
④ Op. cit., 73^{a}21-23.
⑤ Op. cit., 76^{a}17-18.
⑥ Aristotle: *Metaphysica*, 997^{a}13.
⑦ Aristotle: *Logica · Topica*, 158^{a}26-27.

第三章　形式逻辑作为方法论：本质性知识和特性知识的逻辑原理

关于前一层面公理，他说："显然，这样一条原理是一切原理中最确实者。让我们说说这是条什么原理。它就是：同一属性不可能同时属于又不属于同一主项，且在同一方面。"① 再有，"任何事物都不可能同时存在又不存在。我们已以此表明，这是一切原理中最无可辩驳者"②。此外，属于这类公理的还有："每个事物都必须要么被肯定，要么被否定。"③ 总之，"这些真理对于所存在的每个事物都成立，不光是对离开其他属的某些特殊的属成立。并且，人人都运用它们，因为它们对作为存在的存在是真实的，而每个属都有存在"④。它们"自然而然地甚至对于一切其他公理来说都是出发点"⑤。显然，这个层面的公理都是逻辑原理也即方法论原理。

关于后一层面公理，前面研讨"知识的学科性规范"时已有初步论述，这里再做进一步阐释。他指出，每门学科都有它自己的基本真理："'这些（再没有别的）是几何学的基本真理，这些是计算学的基本真理，这些又是医学的基本真理'，这种陈述除了说科学有基本真理之外还有什么意思呢？由于它们自我同一就说它们同一，是荒谬的，因为，就这种同一性意义而言，每个事物都可以和每个事物同一。争辩说，一切结论都有相同的基本真理，这论点也不可能意味着：从一切可能前提之总体可以引出任何结论。"⑥ 总之，每门学科都有自己独特的基本真理。

他表明，这是因为一套基本真理总是同特定的"主项属"相联属。他写道："因为，论证必须从某些前提出发，必须关于某个主项，必须证明某些属性。由此之故，一切被证明的属性都必定属于一个单一的

---

① Aristotle: *Metaphysica*, $1005^b18\text{--}20$.
② Op. cit., $1006^a2\text{--}4$.
③ Op. cit., $996^b28\text{--}29$.
④ Op. cit., $1005^a22\text{--}25$.
⑤ Op. cit., 1005^b34.
⑥ Aristotle: *Logica · Analytica Posteriora*, $88^b11\text{--}17$.

类。"① 这是基本真理之学科性的底蕴所在。他强调基本真理的这种"主项属"属性。他说:"如果承认,这些原初直接前提是基本真理,那么,每个主项属都将提供一条基本真理。然而,如果既不质疑,根据一切可能前提的集合能够证明任何结论,也不承认,对于每一门科学来说,基本真理是不同的,那么,尚待考查这样的可能性:虽然一切知识的基本真理都处于一个属之内,但为了证明各个特殊结论,还需要特殊的前提。不过,我们的证明表明,情形不可能是这样的,而所证明的是:类属不同的事物之基本真理本身在类属上是不同的。"② 因此,他表明,一门科学的"本业"在于从自己一套特定的前提出发,去研究自己特定的对象(事物类),去研究该类事物拥有的特定类特性。他就此写道:"每一门论证科学都就某个主项,从一些共同信念出发去研究它的基本属性。因此,从一套信念出发去研究一类事物的基本属性,乃是一门科学的本业。因为,主项属于一门科学,前提也属于一门科学。"③

值得注意,亚里士多德还从学科层面表明两个层面公理的关系。他说,前一层面的通用公理是哲学家探究和制定的。"显然,对这些公理的探究属于一门科学,那就是哲学家的科学。"④ 他称科学家为"进行专门探究的人"。他写道:"他们运用它们[指那些通用公理——引者],正是为了满足自己的目的,这就是:着眼于他们的论证指涉的属所延及的范围。因此,既然这些真理显然对于一切作为存在的事物都成立(因为这是它们所共同的),所以,探究这些真理也属于研究作为存在的存在的他[指哲学家——引者]的任务。由于这个原因,进行专门探究的人绝不想对它们的真假说三道四。"⑤ 其实,实际的科学理论,其前提都是

---

① Aristotle: *Metaphysica*, 997^{a}7-11.
② Aristotle: *Logica · Analytica Posteriora*, 88^{b}20-26.
③ Aristotle: *Metaphysica*, 997^{a}19-23.
④ Op. cit., 1005^{a}20-23.
⑤ Op. cit., 1005^{a}25-30.

第三章　形式逻辑作为方法论：本质性知识和特性知识的逻辑原理

科学家制定的特有基本真理，适用于理论所关于的"属"的领域。作为通用公理的逻辑原理只是为理论所蕴涵。康德的认识论正是以其"先验逻辑"把这些原理化为知性思维（科学家的化身）的"范畴"，它们作为"先天知识"铸造"先天综合判断"，后者作为哲学原理并不必为科学家所自觉。科学家着眼于"综合"进行工作，"综合"尤其着重一定理论所特有的基本真理。

推理：三段论形态的必然因果联系

方法论把三段论作为论证在类的层面展开，如此也就把实存个体内展开的"原初三段论"作为元素纳入。同时，形而上学以"原初论证"建构实存个体的本体和现象间的必然因果联系，现在，方法论以"论证"把学科知识出之以包括基本真理（公理/定义）、推理和结论（经验定理/定律）的公理化三元结构体系。这里把目光聚焦于"推理"这一环节。

（1）亚里士多德表明，作为推理的形态，三段论以其论证本性而成为特性知识的机制。

特性知识无疑构成知识的主要部分，所以他径直称之为"科学知识"。值得注意，他把"本体"和"三段论"并列为形而上学的研究对象。他说："显见，探究三段论的原理这个任务也属于研究一切本体之本性的哲学家。"① 然而，这个任务有着重要的方法论意义。这在于，缘于三段论乃是实存者必然因果联系的形态，故而它成为特性知识的机制即原理。三段论成为特性知识的机制，乃是其论证本性所使然。

他首先指出，三段论的论证性在于以基本真理为前提。他就此写道："推理是一种论辩，规定了某些事物，这些之外的某个事物就必然

---

① Aristotle: *Metaphysica*, 1005^{b}5–8.

地通过它们产生出来。当推理所由出发的前提是真实的和原初的时，它就是'论证'。"①

其次，这前提而且还是本体也即本质。他写道："如在三段论中，本体是一切事物的出发点。三段论是从'一个事物是什么'出发的。"②这就是说，三段论作为论证乃从本体或本质出发，即从原因出发，因而缘于其论证本性而本身就是实存者因果联系的形态。还可注意到，这段引文透露出，在他那里，不妨说三段论狭义上专指论证，广义上才包括"辩证推理"。

再者，三段论推理作为论证是必然的。他说："一个三段论是一段议论，在其中，某些事物被陈明了，所陈明的东西之外的某个事物就从它们之如此这般而必然地推引出来。我最后的话意思是说，它们产生结论，并且以此还说，为了使这结论成为必然的，不需要再从外面假借任何词项。"③

现在可以明白，推理作为论证承载着必然因果联系，正是以此而成为特性知识的机制，因为关于实存者特性的命题，倘若能被从相应基本真理作为结论推出，则便证明它是前者作为原因之必然结果。这样，它便取得作为特性知识的资格和地位。

不宁唯是，推理还从形式上保障这种因果联系，也即如前面已提到过的，把原因安排为三段论的"中项"。实际上，亚里士多德屡屡强调这一点：当我们问，一种联系是不是事实，一个事物是不是实存时，那是在问，它们有没有"中项"，而当我们问这联系的原因何在，这事物的本性如何时，那是在问，这"中项"是什么。④三段论以其形式直接

---

① Aristotle: *Logica · Topica*, 100^{a}25-28.
② Aristotle: *Metaphysica*, 1034^{a}30-32.
③ Aristotle: *Logica · Analytica Priora*, 24^{b}18-22.
④ 例如，参见 Aristotle: *Logica · Analytica Posteriora*, 89^{b}37-90^{a}2。

第三章　形式逻辑作为方法论：本质性知识和特性知识的逻辑原理

回答：原因就是中项。

（2）亚里士多德表明，推理以三段论的形式性来落实特性知识的机制。

从方法论层面张扬三段论的形式性，是对形而上学之凸显实存者"形式"的呼应和落实。首先，这在于三段论从前提到结论始终在"类"的层面展开。他在所制定的三段论全部三个格中，都规定三个词项全都由兼能充当主谓项的词项即作为词项的类充任。卢卡西维茨注意到，亚里士多德把个体词项排除在三段论之外。他说：亚里士多德"把他认为不适于在真命题中既可作主项又可作谓项的那些类的词项从他的系统中排除掉了。在我看来，这里就是我们的问题的主要点。同一词项既可用作主项又可用作谓项而无任何限制，对于亚里士多德三段论理论具有根本的意义。在亚里士多德所知的全部三段论的三个格中，都有一个词项一次作为主项出现，另一次作为谓项出现：它在第一格中就是中词，在第二格中就是大词，而在第三格中就是小词"①。不过，卢卡西维茨并不明白，三段论所以在类层面展开，乃由其形而上学底蕴所使然。唯其在类的层面展开，三段论才带上形式性，尽脱质料和个体的因素。三段论以其形式性，也才带上普遍必然性，从而成为知识的机制。

其次，在类层面运行这个基础和条件下，三段论才成就其形式性，这包含两个方面。其一是符号和变项的采用，这在前面第一章里已研讨过。其二是推理元素的词项化和推理构成的格式化。这在前面也有所述及，这里做进一步研讨。

亚里士多德那里，三段论的形式性堪称达于极致。"每个论证都将通过三个词项进行，并且不能再多。"② "每个论证和每个三段论都将只通

---

① 卢卡西维茨：《亚里士多德的三段论》，第 15—16 页。
② Aristotle: *Logica · Analytica Priora*, 41^{b}25—26.

过三个词项进行。"① 这三个词项分别充任大项、小项和中项。他说:"我称中项被包括在其中的那个项为大项,称落在中项之下的那个项为小项。"② 每个三段论皆由两个前提和一个结论构成。"显然,一个三段论结论乃从两个前提,而不是从两个以上前提推出。"③ 大项和小项在一个三段论中各出现一次,大项出现的前提叫大前提,小项出现的叫小前提。中项作为原因在两个前提中都出现一次。他说:"我们必须把两个前提中都被陈明的那个项取为中项。"④ 由于三个项在两个前提中可以处于不同位置(充当主项或谓项),因而形成了不同的推理形式,称为三段论的"格"。"每个三段论都必定按这些格的某一个做成。"⑤ "我们将按中项的位置来识别格。"⑥ 三段论三个构成命题在质上可以是肯定或否定的,在量上可以是全称或特称的,从而又形成不同的三段论形式,称为三段论的"式"。三段论全部三个格各有 6 个式。亚里士多德为这些格和式制定了相应规则。值得指出,他把第一格全称三段论置于最高地位,也即真正作为论证的三段论,称之为"完善三段论"⑦,并表明,另两个格都可以还原到它。⑧ 不难看出,亚里士多德致力于探查三段论各个可能的格和式,在很大程度是为了确定这完善三段论的形式,以之作为论证的三段论。

(3)亚里士多德强调,三段论之所以成为论证,乃至之所以成为推理,在于它的结论即推论的必然性。

实际上,三段论的论证本性要求结论的必然性,而其形式性则保证

---

① Aristotle: *Logica · Analytica Priora*, 42^{a}30-31.
② Op. cit., 26^{a}22-23.
③ Op. cit., 42^{a}32-33.
④ Op. cit., 47^{a}38.
⑤ Op. cit., 41^{a}17-18.
⑥ Op. cit., 47^{b}14.
⑦ 参见 Op. cit., 24^{b}22-24。
⑧ 参见 Op. cit., 40^{b}17-41^{b}5。

第三章 形式逻辑作为方法论：本质性知识和特性知识的逻辑原理

了这种必然性。

意味深长的是，他就三段论中占据最高地位者，即第一格的 Barbara 式来阐明这个道理。他写道："如果 A 谓述所有 B，并且 B 谓述所有 C，那么 A 必定谓述所有 C（我们已解释过我们说'谓述所有'是什么意思）。同样，如果 A 谓述无一 B，并且 B 谓述所有 C，那么，必然的是：无一 C 会属于 A。①不过，如果首项属于所有中项，但中项属于无一末项，那么，就这些端项而言就不会有三段论，因为如此关联起来的项推引不出任何必然的东西。因为，可能的是：首项应当要么属于所有末项，要么属于无一末项，以致无论特称的还是全称的结论都不是必然的。可是，如果没有必然的推论，就不可能有一个借助这些前提的三段论。作为端项间的一种全称肯定关系的一个例子，我们可以举词项动物、人、马；一种全称否定关系，其例为动物、人和石头。再者，当首项不属于任何中项，或者中项不属于任何末项时，就也不可能形成一个三段论。"②自然，三段论的必然性是普遍必然性，因为它在类层面展开。

结论：必然推论——得到确立的特性知识

结论是三段论作为推理从前提推引出的。推理是必然因果联系的形态。若此，结论作为必然推论便是作为原因的基本真理的必然结果。后者是关于特性的知识。于是，论证的三段论给出了科学知识——得到确立的特性知识。

（1）亚里士多德表明，结论作为特性知识首先在于其必然性。

他揭示，结论的必然性在于构成结论的主项和谓项之间有着基于谓项之作为属性乃为主项所固有这一关系的必然因果联系。他就此做了阐释："就科学上已知的（在该词的不加限定的意义上）联系这个范围而

---

① 这是第一格的 Celarent 式，与 Barbara 式并列为两个最高地位者，但稍逊于后者。
② Aristotle: *Logica · Analytica Priora*, 25^b38-26^a10.

言，一切属性都是必然的，并且同它们的主项结成因果联系，而这些属性（在那个范围里）要么在它们的主项被包括在它们之中的意义上，要么在它们被包括在它们的主项之中的意义上，是基本的。因为，它们不可能不为它们的主项所固有——对对立者的一者或者另一者要么简单地要么在限定的意义上必定为主项所固有。例如，线必定要么是直的要么是弯曲的，数必定要么是奇的要么是偶的。因为，在一个单一的同一的属中，一个给定属性的相反者要么是它的否定者要么是它的矛盾者；比如，在数中，非奇者是偶的，就在这个范围之内而言，偶数是非奇数的一个必然后项。这样，既然任何给定谓项都必定要么肯定要么否定任何主项，所以，基本属性必定为它们的主项所必然地固有。"① 属性为实存者所固有，这决定了特性知识是三段论作为论证的必然结论。

（2）亚里士多德表明，结论作为特性知识还在于普遍性。

论证的三段论在类的层面展开，结论同样是关于主项属的。结论作为特性知识，其谓项作为特性谓述类。前面已表明，当特性谓述实存个体时，是可感知的，当它谓述类时，是可理知的，超越了感知，是以其"本质"去谓述，而这"本质"在次级即派生意义上也是实存的。

如前所述，亚里士多德以形而上学揭示，类在次级意义上是实存的，而这决定了知识以普遍为目标。这样，尽管特性是个体现象层面的，但方法论同样以三段论之在类层面上运行来保证关涉特性的结论具普遍性。他从方法论上表明，三段论作为论证保证结论带普遍性，从而成为特性知识。他就此写道：一个人，"如果他不在认识这词的不加限定的意义上认识这个三角形的实存，那么他如何能不加限定地认识到，它的角等于两直角呢？不：他显然不是不加限定地而仅仅在他普遍地认识的意义上去认识"②。"一个人被问到：'你知不知道，每个对都是偶

---

① Aristotle: *Logica · Analytica Posteriora*, 73^{b}16-24.
② Op. cit., 71^{a}26-28.

第三章　形式逻辑作为方法论：本质性知识和特性知识的逻辑原理

的？'他说他不知道。于是，问者端出一个特定的对，他不知道它的实存，更不用说它的偶性。有人提出的解乃是断定，他们不知道，每个对都是偶的，而只知道，他们知道是一个对的每个东西都是偶的。然而，他们知道是偶的东西正是他们已论证过其偶性的东西，也即他们使之成为其前提之主项的东西，就是说，不仅仅是他们知道是这样的每个三角形或数，而是无保留地是任何和每个数或三角形。因为，前提从来不会以这样形式表达：'你所知道的每个数都是这样的'，或者，'你所知道的每个直线图形都是这样的'：谓项总是解释为适用于事物的任何一个和每一个事例。"① 总之，结论中特性作为谓项是对主项类普遍地成立的。

（3）亚里士多德表明，结论作为特性知识乃具有经验性。前面已提到过，特性作为论证的被证对象，乃是现象。

他指出，科学获致特性知识的活动，其方法在于以特性乃实存者出于其特有本原而拥有这条形而上学原理为根据，进行经验活动去充分占有与特定主项属相联属的属性也即作为观察事实的现象。然后寻求从相关前提出发进行论证，把它们作为普遍必然结论推出，从而确立为特性知识即科学知识。他以天文学为例就此写道："我的意思举例说来是表明，天文学经验显示天文学的原理。因为，一旦现象给我们恰当把握住，天文学的论证也就被发现。任何其他技艺或科学亦复如此。因此，如果事物的属性被把握住，我们的本业然后便是轻松地展现论证。因为，若在探究过程中一点没有忽略事物的真实属性，则我们就能发现证据，并能论证一切接纳证据的事物，并弄清楚哪个事物本性上不接纳证据。"② 他表明，从"直接前提"和中项推出的不止是"单纯事实"，而是"合理事实"。③ "科学本业"的经验活动只是把捉到了"单纯事实"，

---

① Aristotle: *Logica · Analytica Posteriora*, 71^a31-71^b5.
② Aristotle: *Logica · Analytica Priora*, 46^a19-28.
③ 参见 Aristotle: *Logica · Analytica Posteriora*, 75^a15-18。

那还不是特性知识，只是在经过论证之后，作为结论推出的是"合理事实"即被论证"理性化了的事实"，这才是特性知识。论证是从本质性知识即"基本真理"出发的，以之为前提。于此益见，本质性知识乃先于并强于特性知识。爱因斯坦就指出，在对学科的基本原理掌握之前，科学家对相应领域的经验事实是无能为力的。这正也是道出了这条方法论原理。

论证前的"单纯事实"也是在类层面上的，是在对个别实存者的现象的探究基础上通过归纳达致的。亚里士多德说："甚至感官知觉借以植入普遍的方法也是归纳的。"① "尽管感官知觉的行为是关于特殊的，但它的内涵是普遍。"② 总之，"归纳展现隐含在那明晰地已知的特殊之中的普遍"③。当然，他表明，这里也离不开"理性直观"的作用。④ 爱因斯坦称之为"思维发明"，指出这里并非如牛顿所认为的完全是归纳过程。

（4）亚里士多德表明，结论作为特性知识乃以"名词定义"为表式。

结论作为关于特性的普遍必然知识乃以前面提到过的"名词定义"为表式，从而令其作为知识的确定性得到充分保障。他就此写道："一个定义要么是一个原初前提，要么是一个论证的一个结论。"⑤ 就后者而言，"既然定义据说是对一个事物之本性的陈述，那么，显然，有一类定义将是对名字的意义或者对一个等当的名词性表式的陈述。这种意义上的定义告诉你比如'三角形的特征'这短语的意义"⑥。知识，无论本质性还是特性，皆以定义（逻辑）为表式（语言），一句话，知识是语言的逻辑形式。这句话后来成了逻辑实证主义的"中心教义"。

---

① Aristotle: *Logica · Analytica Posteriora*, 100^b4.
② Op. cit., 100^a16.
③ Op. cit., 71^a7-8.
④ 参见 Op. cit., 100^b8-18。
⑤ Op. cit., 75^b31-32.
⑥ Op. cit., 93^b28-32.

跋

寒暑三度，终于将腹笥所贮形诸笔墨，心中的喜悦之情难以言表。知识哲学、逻辑哲学、语言哲学，一路走来，本书可谓水到渠成。亚里士多德的《形而上学》已有多种汉译本，不时对照罗斯（W. Ross）的英译本研读，让人常起意重译。总觉得，倘无形而上学、逻辑学和语言哲学的深厚学养，遇到书中艰涩之处，难免失诸误译。重译苦无良机。好在这次至少把此书包含重要思想的文字都作为引文译出，庶几聊补此一缺憾。

在此谨向上海社会科学院哲学研究所方松华所长和商务印书馆上海分馆深致诚挚的谢忱。他们给予本书的撰著和出版以大力支持和帮助。并对上海社会科学院哲学研究所郑晓松副研究员深表谢意，他对本书的撰著提供了很大帮助。还要由衷感谢商务印书馆责任编辑孟祥颖女士，她为拙稿付出了大量心血。

周昌忠于上海社会科学院哲学研究所

《中西哲学比较与文明史研究丛书》
首批出版书目

——

《求道：在古今中西之间》
　　方松华　主编

《两种不同形态的哲学：中西哲学生存状态分析》
　　俞宣孟　著

《亚里士多德逻辑哲学》
　　周昌忠　著

《茹退集》
　　夏金华　著